Reading & Interpretation
大家写小书·马恩经典著作新读

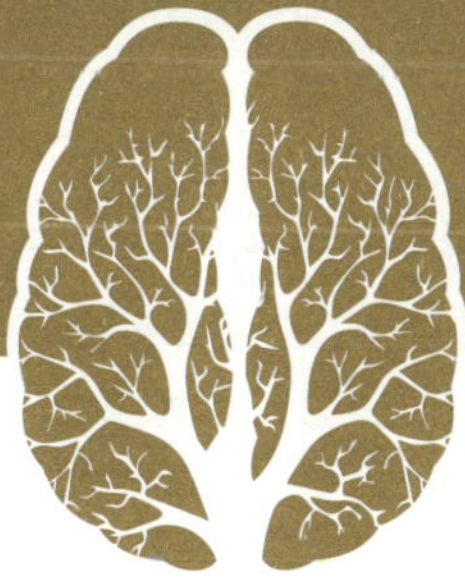

丛书主编 董振华

论战中新世界观的萌发

《神圣家族》新读

郑敬斌 著

红旗出版社

图书在版编目(CIP)数据

论战中新世界观的萌发 :《神圣家族》新读 / 郑敬斌著. —北京 : 红旗出版社, 2022.3
(大家写小书 / 董振华主编. 马恩经典著作新读)
ISBN 978-7-5051-5290-8

Ⅰ.①论… Ⅱ.①郑… Ⅲ.①马恩著作研究 Ⅳ.①A811.21

中国版本图书馆CIP数据核字(2022)第039660号

书　　名　论战中新世界观的萌发
　　　　　《神圣家族》新读
著　　者　郑敬斌

责任编辑	赵　洁	丛书统筹	丁　鋆
责任印务	金　硕	装帧设计	戴　影
责任校对	任奕遥		
出版发行	红旗出版社		
地　　址	北京市沙滩北街2号	邮政编码	100727
	杭州市体育场路178号	邮政编码	310039
编 辑 部	0571-85310806		
E - mail	rucdj@163.com	发 行 部	0571-85311330
图文排版	杭州兴邦电子印务有限公司		
印　　刷	杭州广育多莉印刷有限公司		
开　　本	889毫米×1194毫米	1/32	
字　　数	69千字	印　　张	3.25
版　　次	2022年3月第1版	印　　次	2022年3月第1次印刷
ISBN 978-7-5051-5290-8		定　　价	20.00元

把读马克思主义经典当作生活习惯

（丛书序）

习近平总书记在纪念马克思诞辰200周年大会上的讲话中强调："共产党人要把读马克思主义经典、悟马克思主义原理当作一种生活习惯、当作一种精神追求，用经典涵养正气、淬炼思想、升华境界、指导实践。"阅读马克思主义经典著作对于广大党员干部树立正确的世界观、人生观和价值观，从而以科学的世界观和方法论分析问题、解决问题和推动工作，具有重大的意义。

一、通过阅读马克思主义经典，感悟马克思主义经典作家的崇高价值追求，不断升华思想境界

人的自然生命总是有限的，作为自然的人，历史上的伟人不可能再对我们耳提面命，但是，他们的灵魂不朽，作为我们的精神导师，他们可以穿越时空对我们谆谆教诲。我们和伟人对话的方式，就是阅读他们撰写的经典，去感悟经典中所承载的不朽灵魂和伟大人格。马克思主义经典作家虽然已经远去，但是他们的精神和思想是不朽的，通过他们所创造的事业而生生不息，通过他们的经典著作而天长地久。正如《道德经》所言："不失其所者久，死而不亡者寿。"我们通过反复阅读马克思主义经典作家留下的经典著作，和他们心灵共鸣、灵魂

共振，接受马克思主义智慧和道义的滋养，不断升华思想境界，走向崇高，活出生命的意义和价值。

马克思主义经典作家作为人类解放的"盗火者"，为了给人类带来光明，历尽千辛万苦，仍然不屈不挠，奋斗不息，成就了伟大的人生。马克思在参加中学毕业考试的时候写下的作文《青年在选择职业时的考虑》中指出："如果我们选择了最能为人类而工作的职业，那么，重担就不能把我们压倒，因为这是为大家作出的牺牲；那时我们所享受的就不是可怜的、有限的、自私的乐趣，我们的幸福将属于千百万人，我们的事业将悄然无声地存在下去，但是它会永远发挥作用，而面对我们的骨灰，高尚的人们将洒下热泪。"[①]从马克思的这篇作文中，我们可以强烈地感受到他伟大的人格和崇高的价值追求，能够明白什么样的生命才是有意义和价值的，才能够坚定理想信念，升华精神境界。马克思的生命实践充分彰显了伟人的灵魂和精神价值，也成就了马克思光辉的人生，受到了人们的普遍敬仰和尊敬。

正如习近平总书记在纪念马克思诞辰200周年大会上的讲话中所指出的："马克思的一生，是胸怀崇高理想、为人类解放不懈奋斗的一生。""马克思一生饱尝颠沛流离的艰辛、贫病交加的煎熬，但他初心不改、矢志不渝，为人类解放的崇高理想而不懈奋斗，成就了伟大人生。"

① 《马克思恩格斯全集》第1卷，人民出版社1995年版，第459—460页。

二、通过阅读马克思主义经典，学习马克思主义经典严谨的论证逻辑，掌握科学思想方法

一个理论如果缺乏严密的逻辑论证，要么是停留于空洞无物的无病呻吟，要么是停留于盲目自大的独断空论，这是苍白无力的，是不能够让人真服真信的。我们通过阅读马克思主义经典，可以得出这样的深切感受：他们不是高高在上向人们颁布真理，而是通过铁的逻辑一步步严谨论证，最终的结论是自然而然在字里行间得出并呈现给读者，从而能够说服人、打动人、鼓舞人，让人们真懂、真信、真用。这是逻辑的力量！

我们阅读《共产党宣言》就能够强烈感受到这种逻辑的力量。马克思、恩格斯站在历史唯物主义的客观立场，对资本主义及其繁荣的景象进行了绘声绘色地描绘，对资本主义制度的历史贡献和历史合理性进行了充分肯定。在充分肯定的基础上，却得出了彻底否定的结论。这里所运用的逻辑就是辩证法。根据辩证法的逻辑，“辩证法在对现存事物的肯定的理解中同时包含对现存事物的否定的理解”，资本主义造就了如此巨大的生产力，极大地推动了历史的发展和社会的进步，但是，这也恰恰是资本主义必然要退出历史舞台的内在原因。因此，资本主义的合理性只是历史的合理性，也就是说，这只是有一定的前提和界限的合理性，只是在人类历史进程中的某一阶段具有合理性，超过了这个阶段必然丧失合理性。为此，《共产党宣言》指出：“资产阶级用来推翻封建制度的武器，

现在却对准资产阶级自己了。”[①]“资产阶级的关系已经太狭窄了，再容纳不了它本身所造成的财富了。”[②]因此，资本主义和资产阶级应该灭亡了，也必然会灭亡，“资产阶级的灭亡和无产阶级的胜利是同样不可避免的”[③]。资本主义必然灭亡，但是，这并不意味着它会自动灭亡，“共产党人不屑于隐瞒自己的观点和意图。他们公开宣布：他们的目的只有用暴力推翻全部现存的社会制度才能达到”[④]。

由此我们可以看到，无产阶级必须通过革命手段实现人类解放的根本价值追求，这一科学结论不正是在辩证法严密逻辑的基础上经过充分论证而得出来的吗？我们阅读马克思主义经典，就要学习这样的科学思想方法，在理论宣传和群众工作中力求做到言之有理、持之有故、以理服人，才能够让人们真信、真服，从而用科学的理论和崇高的价值说服人、凝聚人。

三、通过阅读马克思主义经典，体悟马克思主义经典蕴含的强烈问题意识，善于聆听时代声音

马克思主义经典作家撰写著作，并不是为了学术上的建树和理论上的兴趣，而是为了人类解放这一根本价值主题，针对时代问题而撰写的，因此，马克思主义经典著作蕴含着深刻的问题意识。我们阅读马克思主义经典著作，就必须深入到

①《共产党宣言》，人民出版社2018年版，第34页。
②《共产党宣言》，人民出版社2018年版，第33页。
③《共产党宣言》，人民出版社2018年版，第40页。
④《共产党宣言》，人民出版社2018年版，第65页。

这些著作撰写时的历史语境中，用强烈的问题意识把握这些经典著作所针对的时代问题，否则就容易陷入教条主义，至多成为一个只会夸夸其谈的“理论家”。

每个时代都有属于自己的时代问题，牢牢抓住这个时代问题，用强烈的问题意识准确地把握时代问题的本质，并找到解决时代问题的价值选择和理性方法，这是马克思主义经典作家在进行经典创作时的出发点。我们在阅读马克思主义经典的时候，应当通过回到当时的时代语境，进行视界融合，体悟当时人类现实生活的生存境遇、价值诉求等层面凸显出来的矛盾与问题，去学习马克思主义经典作家对这些时代问题进行深度研究、审视与批判所运用的逻辑和方法，映照当今的时代问题，从而得到启发和方向。

各级领导干部阅读马克思主义经典著作要在思想与时代问题的互动对话中完成，就必须把握时代脉搏，强化问题意识，正确审视当代社会发展中的问题与困境。马克思主义的基本原理为我们的实践活动提供了总的指导思想、根本原则和根本方法，但是，它没有提供解决问题的现成答案，必须由我们自己在坚持马克思主义立场、观点、方法的基础上，创造性地探索和解决这些问题。

毋庸置疑，广大党员干部对于阅读马克思主义经典的重要性基本形成了一种共识，但是面对纷繁复杂的社会环境、繁杂繁重的日常工作以及浩如烟海的经典著作，党员干部如何才能亲近经典、深入经典、融入经典呢？本着“学马列要精，要管用”的原则，丛书第一辑我们选定了10本经典著作，由红旗文稿杂志社顾保国社长主编，组织国内著名高校的权威专家进行精心解读，出版之后社会反响强烈，不断收到读者反馈，要求我们继续编撰出版相关著作；丛书还入选了国家新闻出版署组织实施的2020年“优秀通俗理论读物出版工程”。这既是对我们工作的肯定和鼓励，也是对我们的鞭策和激励，更是我们理论工作者义不容辞的责任和使命。正是基于这样的考虑，我们在第一辑的基础上，秉持同样的理念又选定了10本经典著作，组织权威专家进行解读，并由红旗出版社编辑出版“大家写小书·马恩经典著作新读”第二辑，希望为马克思主义大众化作一点力所能及的贡献，不辜负大家的期望和伟大的时代。必须实事求是地指出，马克思主义经典著作内容博大精深，而我们对其的学习和领悟只能是冰山一角、高山仰止。鉴于我们的学术水平和认知能力有限，肯定存在解读不准确甚至错误的地方，敬请各位读者不吝指正！

中共中央党校（国家行政学院）
哲学教研部副主任、教授　董振华
2021年10月

目　录

前言

《神圣家族》是马克思和恩格斯第一次合作而写的批判青年黑格尔派主观唯心主义和阐述历史唯物主义的论战性著作，是马克思、恩格斯在建构无产阶级世界观的理论基础，即辩证唯物主义和历史唯物主义确立过程中的一个重要里程碑，为马克思主义哲学的诞生奠定了坚实的基础。在本书中，马克思、恩格斯以战斗的唯物主义者的姿态对以鲍威尔为首的青年黑格尔派的主观唯心主义进行批判和清算，全面系统地阐述了唯物史观的基本原理，生动揭示了思维与存在的辩证关系，深刻阐释了物质生产决定社会历史发展的基本理论，正面论述了人民群众是历史创造者的重要原理，初步论证了无产阶级的历史使命学说。《神圣家族》全书以“批判的论调”渐次展开，以“建构的色彩”贯穿始终，可称之为新世界观形成的里程碑式著作。这部经典之作推动了历史唯物主义和辩证唯物主义创立的进程，在马克思主义发展史和哲学史上占据着重要的地位、承载着重要的价值，是实现当代马克思主义创新发展的理论源泉。

第一章
写作背景

《神圣家族》出版于1845年2月，全称为《神圣家族，或对批判的批判所做的批判。驳布鲁诺·鲍威尔及其伙伴》，其中，"神圣家族"是对青年黑格尔派鲍威尔兄弟及其追随者的谑称，"批判的批判"是指他们的思辨唯心主义哲学体系。该书是马克思主义创始人马克思、恩格斯第一次理论合作的结晶，也是两位伟人终生友谊的起点。书中，马克思、恩格斯通过批判"批判的批判"思想展示了辩证唯物主义与历史唯物主义的一些原理，为马克思主义哲学的诞生做了重要的理论积淀。不得不提的是，书中大部分内容由马克思所著。但从马克思、恩格斯各自所著部分依然可以鲜明发现两位伟人在政治立场、世界观等方面的契合，这种契合也正是二人合著《神圣家族》的内在根源。因此，探寻马克思、恩格斯合作《神圣家族》时哲学世界观内在契合的原因，也就能够还原《神圣家族》一书的写作背景。事实上，二人哲学世界观的契合并非偶然，这与他们思想发展历程中的相似经历、人生际遇以及对现实世界的体察都有莫不可分的关系。

知识链接

★ 神圣家族 ★

"神圣家族"一书的书名，本来是意大利著名画家安得列阿·曼泰尼雅（Andrea Mantegna，1431—1506）一幅名画的题目，画中的人物是圣母马利亚抱着圣婴耶稣，旁边有马利亚的丈夫圣约瑟，有圣以利沙伯、圣约翰、圣亚拿以及一些天使和神甫。马克思和恩格斯就是借用这个题名来讽喻以布鲁诺·鲍威尔为首的一伙人。他二人把布·鲍威尔比作天父的独生子耶稣，把其他几个伙伴比作他的门徒。这些人妄自尊大，自以为超乎群众之上，以为他们的话就是天经地义，不容争辩，正像耶稣在人们中传道一样。这幅画的名称本来应该译为“圣家族”或“圣家”，但马克思、恩格斯的这本著作过去一向译为“神圣家族”，已经通用，所以，我们也就沿用了这个书名。

一、青年黑格尔派的堕落推动马克思、恩格斯与其思想决裂

马克思、恩格斯曾是青年黑格尔派的一员。1831年黑格尔逝世后，黑格尔派由于内在哲学体系和方法之间的冲突逐步分裂出两个相互对立的派别——老年黑格尔派（黑格尔右派）和青年黑格尔派（黑格尔左派）。老年黑格尔派站在“绝对观念”的立场上竭力维护封建宗教统治；以《耶稣传》作者施特劳斯为代表的青年黑格尔派以黑格尔“辩证方法”为思想武器向宗教神学、向封建专制制度发出批判。青年马克思与恩格斯在这一阶段受青年黑格尔派进步思想的吸引，分别成为其中的一员。1836年，青年马克思转入柏林大学，认真研读了黑格尔著作及其弟子的大部分著作，接触并加入了由柏林青年黑格尔派聚集组成的激进学术小组“博士俱乐部”。在这里，成员们致力于深入探讨、研究黑格尔哲学及其辩证法。在结束大学生活（1841年）前，马克思始终是“博士俱乐部”的成员，并以渊博的学识、严密的逻辑逐渐成为其中的主力。青年黑格尔分子赫斯在写给朋友的信中曾对其评价道：“如果把卢梭、伏尔泰、霍尔巴赫、莱辛、海涅和黑格尔结合为一人（我说

的是结合，不是凑合），那末结果就是一个马克思博士。”①恩格斯加入青年黑格尔派是受施特劳斯《耶稣传》的影响，在柏林服兵役期间，21岁的他以旁听生的身份在柏林大学聆听了众多教授讲学并精心研读黑格尔著作。在此期间，他积极参加青年黑格尔派博士俱乐部的活动，与青年黑格尔派的鲍威尔兄弟、施蒂纳等人就黑格尔哲学曾展开深入交流与辩论，并因对谢林哲学的批判受到柏林青年黑格尔派的欢迎。

青年黑格尔派走向思想的堕落。19世纪30年代末的青年黑格尔运动代表了先进思潮，对德国资产阶级革命的爆发产生了一定积极影响。但由于内部成员思想观点与政治倾向的分裂及外部普鲁士王国的高度镇压，青年黑格尔运动逐步由先进蜕化向保守乃至反动。1841年年底，原是“博士俱乐部”成员的鲍威尔兄弟、施蒂纳、梅因等人组成“自由人”小组，他们脱离现实生活、醉心抽象哲学，用空洞的批评词句不分场合、不加区别地批判一切，蔑视群众、指责英法等国的社会主义工人运动。从“博士俱乐部”到“自由人”小组，意味着青年黑格尔派的彻底堕落。

马克思、恩格斯与青年黑格尔派彻底思想决裂。与虚妄、空谈的青年黑格尔派迥然不同，彼时担任《莱茵报》编辑的马克思关心的是普鲁士德国如何改变现存制度、实现政治解放的现实政治问题。因与青年黑格尔派学术观点、政治见解不同甚至相反，马克思与其决裂，并明确指出：“我要求他们：少发些不着边际的空论，少唱些高调，少来些自我欣赏，多说些

① [苏]捷·伊·奥伊则尔曼：《马克思主义哲学的形成》，潘培新译，生活·读书·新知三联书店1964年版，第III页。

明确的意见，多注意一些具体的事实，多提供一些实际的知识。”[①]恩格斯在哲学观上由主观唯心主义转向唯物主义受到1841年费尔巴哈《基督教的本质》一书的深刻影响，他曾回忆到：“这部书的解放作用，只有亲身体验过的人才能想象得到。那时大家都很兴奋：我们一时都成为费尔巴哈派了。”[②]柏林服兵役结束后，恩格斯投身于对资本主义大工业的考察中，在政治主张上转向共产主义，逐步与青年黑格尔派分道扬镳。

二、人生际遇和对现实的体察酝酿马克思、恩格斯的思想转向

马克思、恩格斯对现实的体察是促使二人思想转向的前提与动因。19世纪上半叶，马克思、恩格斯的故国——德国，资本主义工商业不断发展、资产阶级不断壮大。新生的资产阶级一方面与普鲁士封建专制统治之间形成尖锐矛盾，另一方面在资本原始积累的过程中与工人阶级之间的矛盾也日益尖锐。资本家们通过提供极端恶劣的工作环境、微薄的工资，延长劳动时间、提升劳动强度、雇佣童工女工等手段榨取工人剩余价值，使整个无产阶级陷入深重苦难。为了对抗资产阶级剥削，工人的反抗运动日渐深入，从单个工人的自发斗争发展到工人群体的自觉斗争，从经济斗争发展到政治斗争，从捣毁厂房、破坏机器发展到指向整个资产阶级。欧洲三大工人

---

① 中共中央马克思恩格斯列宁斯大林著作编译局编：《马克思恩格斯选集》第4卷，人民出版社2012年版，第403页。

② 中共中央马克思恩格斯列宁斯大林著作编译局编：《马克思恩格斯选集》第4卷，人民出版社2012年版，第228页。

运动充分表明无产阶级已经作为独立政治力量登上历史舞台。这为马克思、恩格斯的思想转向提供了丰富的实践给养，是马克思、恩格斯完成思想转向的重要社会历史条件。恩格斯柏林服兵役期满后则前往英国曼彻斯特在父亲与他人共同经营的企业里工作。曼彻斯特可谓是英国仅次于伦敦的第二大城市，那里资本主义工商业高度发达，资产阶级与工人阶级之间的矛盾冲突也表现得格外尖锐。马克思在《莱茵报》供职期间接触到了大量社会政治、经济等敏感问题，对苦难的劳动群众充满同情。《莱茵报》被查封（1843年4月）后，马克思辗转到达法国巴黎，在这里生活工作学习直到1854年2月。彼时巴黎的资本主义工商业发展远超于德国，为马克思进一步深入研究资本主义政治经济提供了可能。

马克思、恩格斯在这一时期的个人际遇也是完成思想转向的重要线索。巴黎的这一段居住经历在马克思思想形成史上具有重要地位。移居巴黎后，马克思一方面与卢格合办新杂志《德法年鉴》，另一方面深入研读、积累经济学知识。在《德法年鉴》创办过程中，由于马克思鲜明的共产主义立场与卢格资产阶级激进派立场的根本分歧，导致该杂志仅于1844年2月底出版了一期双刊号。这期杂志刊发了马克思《论犹太人问题》与《〈黑格尔法哲学批判〉导言》两篇文章。列宁指出："马克思在这个杂志上发表的文章表明他已经是一个革命家。他主张'对现存的一切进行无情的批判'，尤其是'武器的批判'；他诉诸群众，诉诸无产阶级。"[①]从1843年年底开始，马

① 中共中央马克思恩格斯列宁斯大林著作编译局编：《列宁选集》第2卷，人民出版社1995年版，第415页。

克思阅读了大量古典经济学著作，尤其是亚当·斯密和大卫·李嘉图的作品。他在9本笔记的基础上结合对哲学、经济学及共产主义的思考创作了《1844年经济学哲学手稿》，为马克思历史唯物主义的形成奠定了初步基础。马克思也积极参加反对德国政府的政治活动和工人运动。从1844年夏天起，马克思开始参加《前进报》的编辑工作并为之撰稿。在他的努力下，《前进报》逐渐具有共产主义性质，在流亡法国的德国工人群众中的影响越来越大。马克思不仅通过这家报纸宣传革命民主主义和共产主义观点，而且在自己周围团结了一大批共产主义者。由于敢于讨论各种尖锐的社会问题和主张革命民主主义立场，《前进报》遭到反动报刊的攻击和反动政府的迫害，于1844年12月被迫停刊。马克思及其他编辑和主要撰稿人被驱逐出境。同一时期，恩格斯在曼彻斯特深入考察英国的经济、社会和政治状况，创作了《政治经济学批判大纲》和《英国状况——评托马斯·卡莱尔的〈过去和现在〉》两篇文章发表于《德法年鉴》上。在这两篇文章中，恩格斯明确了经济发展决定社会发展和政治生活的主张，并指明了无产阶级与资本主义私有制之间不可调和的斗争态势。1845年2月初，马克思到达比利时的布鲁塞尔，在那里，和恩格斯开始了他们一生的共同战斗历程。

三、对《文艺总汇报》观点的批判直接促使马克思、恩格斯的思想清算

《神圣家族》写作的直接原因在书中序言部分有明确提到，“我们的阐述主要涉及布鲁诺·鲍威尔的《文学总汇报》（我

们手边有该杂志的前八期)，因为在该报中鲍威尔的批判，从而整个德国思辨的胡说达到了顶点。批判的批判(即《文学报》的批判)越是把哲学对现实的颠倒变成最明显的滑稽剧，那就越有教益”[①]。

《文学总汇报》是以布鲁诺·鲍威尔兄弟为代表的“柏林自由人”小组为了对抗马克思在巴黎筹备创建的《德法年鉴》、于1843年12月在沙洛顿堡创办的德文月刊。这个刊物是青年黑格尔运动后期的机关刊物，虽只刊发了十期，但“总汇”了后期青年黑格尔派的各种荒谬有害的观点。该刊中，鲍威尔等人脱离实际陷入抽象思辨的漩涡，以自我意识为基础大肆鼓吹主观唯心主义。

马克思于1844年8月初收到《莱茵报》主要创刊人——格奥尔格·荣克寄来的《文学总汇报》的第5、6、7期。荣克在信中希望马克思能将对鲍威尔的有关评论写成短文发表在报纸上，这一定程度上影响了马克思。马克思在写给费尔巴哈的信中(1844年8月11日)表示：“我将出一本小册子来反对批判的这种谬误。对我来说，最宝贵的是您能事先把您的意见告诉我，总之，如能早日得到您的回音，我将感到荣幸。”[②] 1844年8月底，马克思又收到《文学总汇报》第8期。这期刊发的由布鲁诺·鲍威尔所写的《1842年以来德国激进主义的兴衰》一文与《目前什么是批判的对象？》两篇文章。《1842年以来德国

① 中共中央马克思恩格斯列宁斯大林著作编译局编：《马克思恩格斯文集》第1卷，人民出版社2009年版，第253页。

② 中共中央马克思恩格斯列宁斯大林著作编译局编：《马克思恩格斯文集》第10卷，人民出版社2009年版，第16页。

激进主义的兴衰》嘲讽、批判群众，认为普鲁士政府的反动政治行为是群众的“冷漠”造成的，称群众这种“社会祸害”是精神的崇高意向和创举失败的缘由。《目前什么是批判的对象？》公然叫嚣对无产阶级和共产主义的批判，认为“批判的批判”“是历史上唯一的积极的因素”，“群众只是作为精神的对立物才有意义”①。这两篇文章直接促使马克思下定决心对“批判的批判”展开批判。

《文学总汇报》充分暴露出青年黑格尔派一伙的根本意图。他们想要无产阶级进入思辨的抽象中，进而放弃同资产阶级的现实斗争。这样的错误观点无疑是工人运动的绊脚石。“在德国，对真正的人道主义说来，没有比唯灵论即思辨唯心主义更危险的敌人了。”②为此，在同青年黑格尔派思想决裂基础之上，马克思决定从思想理论上彻底清算这股错误思潮。此时的恩格斯已经在实践中成长为坚定的共产主义者，同样对青年黑格尔派反对无产阶级运动的观点持反对态度。马克思、恩格斯二人已然公开站在反对青年黑格尔派的同一条思想战线上。

四、马克思、恩格斯的相遇及志同道合促成二人第一次合作

通过《德法年鉴》上发表的文章，马克思与恩格斯发现彼

① 中共中央马克思恩格斯列宁斯大林著作编译局编：《马克思恩格斯文集》第10卷，人民出版社2009年版，第15页。

② 中共中央马克思恩格斯列宁斯大林著作编译局编：《马克思恩格斯全集》第2卷，人民出版社1957年版，第7页。

此相同的立场。1844年8月，恩格斯在结束曼彻斯特的经商活动返回德国的旅途中来到法国巴黎拜访了马克思。二人通过深入交流政治、经济和哲学等诸方面的问题，进一步加深了了解，在所有领域都达到了完全一致的见解。正是因为二人在政治立场和世界观上不同的经历得出相同的结论，持同样的理想和观点，才有了两位伟大的马克思主义者的第一次合作。

在政治立场上，马克思在《莱茵报》工作期间便对广大工人的悲惨命运感到深切同情，在巴黎专注集中地阅读、思考经济学。《1844年经济学哲学手稿》中，马克思已经从人的本质、人与自然的关系等理论层面探索人的解放和社会解放的无产阶级命题。在《德法年鉴》工作时期，马克思在《论犹太人问题》和《〈黑格尔法哲学批判〉导言》两篇文章中鲜明论证了无产阶级的历史地位和历史使命，这是他转变成为共产主义者的鲜明标志。恩格斯在资本主义的中心英国曼彻斯特对无产阶级的命运有极深的体悟，通过对英国工人阶级状况的分析，他揭示了无产阶级推翻资产阶级统治的必然性，并指出无产阶级的阶级斗争是必然、合理的。

在世界观上，马克思、恩格斯思想发展轨迹相似。二人哲学思维的起点均受黑格尔哲学的影响，都曾是青年黑格尔派的拥护者；随着青年黑格尔派的堕落以及费尔巴哈人本学的影响，二人与强调纯粹抽象思辨哲学的青年黑格尔派分道扬镳，渐而通过各自的人生际遇和实践考察成为彻底的唯物主义者。在个人思想成熟的发展历程中，二人又有所偏重。马克思在反对普鲁士专制政府及批判德国古典哲学的基础上转向唯物主义，恩格斯则在资本主义发达的英国通过批判“哲学共产主义”和空想社会主义转向唯物主义。

正是因为二人在政治立场和世界观上不同的经历得出相同的结论，持同样的理想和观点，才有了两位伟大的马克思主义者的第一次合作，才促成了《神圣家族》一书的写作。

延伸阅读

（1）高光：《科学世界观形成中的里程碑〈神圣家族〉的学习与探讨》，北京：求实出版社，1987年2月。

（2）姜海波编著：《马克思恩格斯〈神圣家族〉研究读本》，北京：中央编译出版社，2017年7月。

（3）周树智主编：《人道主义和社会主义：马克思恩格斯〈神圣家族〉研究文集》，北京：社会科学文献出版社，2012年3月。

深度思考

（1）马克思、恩格斯与青年黑格尔派的关系演变是？

（2）马克思思想转向的历程是？

（3）马克思、恩格斯在其思想转向过程中有何共同点？

Reading & Interpretation
大家写小书·马恩经典著作新读

第二章

内容介绍

一、全书的基本结构

《神圣家族》的全称为《神圣家族,或对批判的批判所做的批判。驳布鲁诺·鲍威尔及其伙伴》,由一个序言、九章正文和一个结语构成。其中,序言部分开宗明义地表明了该书的基本宗旨、论战对象以及由论战对象所决定的论述方式。九章正文则酣畅淋漓地体现了马克思、恩格斯以战斗的唯物主义者的姿态对青年黑格尔派的主观主义观点所进行的致命批判,主要是针对布鲁诺·鲍威尔及其伙伴在《文学总汇报》上登载的相关文章、观点所进行的靶向批判。结语则明确宣布了论战对象的死亡。全书的内容结构具体安排如下:

序言

第一章　以订书匠的姿态出现的批判的批判或赖哈特先生所体现的批判的批判(恩格斯)

第二章　体现为《MÜHLEIGNER》的批判的批判或茹尔·法赫尔先生所体现的批判的批判(恩格斯)

第三章　“批判的批判的彻底性”或荣(荣格尼茨?)先生所体现的批判的批判(恩格斯)

第四章　体现为认识的宁静的批判的批判或埃德加尔先生所体现的批判的批判

第五章　贩卖秘密的商人所体现的批判的批判或施里加先生所体现的批判的批判(马克思)

第六章　绝对的批判的批判或布鲁诺先生所体现的批判的批判

第七章　批判的批判的通讯

第八章　批判的批判之周游世界和变服微行，或盖罗尔施泰公爵鲁道夫所体现的批判的批判（马克思）

第九章 批判的末日的审判（马克思）

历史的结语

《神圣家族》不仅是一部典型的论战性作品，更是“新哲学”体系化架构的开始。反观文本结构以及各章标题可以看出，虽然每个章节篇幅参差不齐、观点多寡不一，层次略显松散。但是全书各章相对独立又逻辑连贯，每章节均有特定的论战对象。正是基于论战对象的差异，整部著作以“凌乱的著述风格”问众于世，继而将马克思、恩格斯迥异的写作风格形成鲜明对比。

二、全书内容概观

（一）恩格斯对《文学总汇报》文体和题材的批判

对《文学总汇报》的批判任务主要由恩格斯担任，在《神圣家族》的第一章——以订书匠的姿态出现的批判的批判或赖哈特先生所体现的批判的批判和第三章——“批判的批判的彻底性”或荣（荣格尼茨？）先生所体现的批判的批判中，恩格斯就《文学总汇报》的文体和题材两方面进行批判的同时，揭露了《文学总汇报》的古怪文风和青年黑格尔派在哲学方面的烦琐性和虚幻性。

在第一章中，恩格斯以赖哈特在1843年12月和1844年1月《文学总汇报》第1、2两期上发表的文章《关于赤贫化的论文》为始展开了批判，他讽刺赖哈特已经“变成了订书匠”，并不断用外国语言去完成自己教条式的“批判”。如恩格斯指出:"这样,谁还敢指责它搬用'一大堆不可理解的外国字'呢?即使它已经用它的一贯的表现宣告这些字对它自己来说也是不可理解的。"① 在此基础上,恩格斯还罗列了几篇赖哈特的文章及其引文片段的一些案例,批判赖哈特所谓的"通俗化的表现方法"及其文风语言的不可理解性、粗野性和牵强性。

在第三章中,恩格斯就1844年5月刊发在《文学总汇报》第6期的《瑙威尔克先生和哲学系》一文对荣格尼茨进行了批判。他认为荣格尼茨有意以瑙威尔克的命运为背景,将"波恩的撤职事件"②扩大化,借机肆意渲染波恩的历史并以此为基写了"批判的解职的哲学",恩格斯指出荣格尼茨的11条先验的哲学大纲看似对哲学和瑙威尔先生的关系做了彻底性分析,但其实质不过是运用黑格尔的逻辑来证明自己的批判。恩格斯揭露了以荣格尼茨为代表的青年黑格尔派在哲学方面的虚幻性和烦琐性,尖锐地指出青年黑格尔学派的哲学特性最终势必会导致其陷入"自我冲突"的陷阱。如恩格斯在本章末尾所指出的:"由于谦逊,它不便说它至少已经充分认识了即使本身并不就是时代但是在它看来终归还是构成了时代的它自己的冲突和瑙威尔克的冲突。"③

---

① 中共中央马克思恩格斯列宁斯大林著作编译局编:《马克思恩格斯全集》第2卷,人民出版社1957年版,第10页。

② 指免除布·鲍威尔的职务。因为他发表了批判圣经的著作,普鲁士政府于1841年10月暂时剥夺、而在1842年3月永久剥夺了他在波恩大学讲学的权利。

③ 中共中央马克思恩格斯列宁斯大林著作编译局编:《马克思恩格斯全集》第2卷,人民出版社1957年版,第20页。

（二）恩格斯对法赫尔历史观的批判，阐发群众创造历史的历史观

对茹尔·法赫尔历史观的批判任务同样由恩格斯担任。在本书的第二章——体现为《MÜHLEIGNER》[①]的批判的批判或茹尔·法赫尔先生所体现的批判的批判的章节中，恩格斯指出，法赫尔对历史尤其是对英国历史的歪曲事实。恩格斯犀利地批判了以法赫尔为代表的青年黑格尔派研究历史的唯心主义方法。

1. 对群众历史观的阐述

在第二章的开头，恩格斯开明宗义的指出，法赫尔及其伙伴不仅试图用“自我意识”把世界从贫困中解救出来，而且当前又打算在实践和历史中随意进行批判了。恩格斯以法赫尔1844年6、7月在《文学总汇报》上发表的《英国的迫切问题》一文为例开始了对法赫尔历史观的批判。恩格斯指出，法赫尔一味坚持历史是由批判的判决产生的，而看不到历史真实的发展过程，不愿承认群众创造历史、群众自己解放自己的事实。

2. 对工厂及商务联系的说明

恩格斯首先批判法赫尔错置了工厂和工厂城市产生的时间先后性，进而正确地论述了工厂与工厂城市的关系。恩格斯以棉纺织业和蒸汽机的发展史为例，说明了工厂一定是先于工厂城市存在的，而不是如法赫尔等青年黑格尔派所认为

---

①《MÜHLEIGNER》(直译是“磨坊主”)，德语里没有这个字，它是由英语的mill－owner(工厂所有者、厂主)译过来的。恩格斯在这里嘲笑“文学总汇报”的撰稿人茹·法赫尔在自己的文章里使用了他按英国字的形式生造的字。

的繁荣的工厂城市产生于工厂之前。紧接着，恩格斯以利物浦和曼彻斯特两个城市为例指出，商务联系是现代意义上英国商品出口的结果，而不是法赫尔等人所认为的商务联系是英国商品出口的原因，正是有了商务联系和出口才使这两个城市成为近邻。

3. 对工资及工作时间的说明

恩格斯指出，英国的工厂实际上是存在着1/2先令到40先令甚至更多的工资等级，而在法赫尔的眼里却只有11先令一种工资。而且由于机器代替了手工劳动，工人的生活愈发贫困，工作性质也愈发痛苦，为改变生活和工作的状态工人不得不联合起来。在英国，这样的联合实际上是被允许的，而在法赫尔等青年黑格尔派的批判中却是被禁止的，因为按照他们的批判逻辑，“过分的紧张不会妨碍劳动，因为出力的是机器”[①]。对此，恩格斯明确指出，机器是没有意志的，法赫尔等人将机器与工人的休息等同起来的做法，无疑是想用外来的意志去支配工人。

在英国，争取十小时工作日的立法限制的斗争席卷了广大的无产阶级群众。整个英国的群众都认为这一措施能够在破坏对外贸易的基础上瓦解工厂制度的根基，但是法赫尔却说它是肤浅的中庸的措施，实际上，情况正好相反，法赫尔的观点反而证明了他的肤浅性。同时，恩格斯指出法赫尔等对讨论十小时工作日问题的机构含糊不清，却还要应让大众相信“委员会”就是“全院委员会”（两者实质上是不同的机构），

① 中共中央马克思恩格斯列宁斯大林著作编译局编：《马克思恩格斯全集》第2卷，人民出版社1957年版，第14页。

同时还固执地想要取消英国宪法的荒诞性。

4. 对群众政党及工人运动的说明

恩格斯在第二章批判法赫尔等人创造的“工厂党”缺陷的基础上，论述了英国群众党存在的合理性。恩格斯说，法赫尔等人不满意英国的群众政党，所以才创造了“工厂党”，但是他们却将厂主和工厂工人都视为群众，实际上二者并不一定是同一阶级，并且法赫尔等人对工人本身及工人阶级的认识并不彻底，比如他们错误地认为工厂工人是由于贫穷才不给反谷物法同盟捐款，却并未看到反谷物法同盟为反对地主阶级而企图利用工人阶级的本质，更未看到英国先进工人已经开始了独立的、有自己政治见解的宪章运动。恩格斯还批判了法赫尔等人认为工人具有妥协性（实际上这一阶级由于赤贫而不再具有任何妥协）、英国工厂工作时间16小时（实际上是不超过12小时）、英国是全世界的大作坊（实际上美国人、德国人和比利时人通过竞争已经夺去了英国人的市场）、财产的集中及其对劳动阶级所造成的后果未被注意到（实际上宪章派、社会主义者、托利党人和辉格党人，如卡莱尔、艾利生和盖斯克尔等都对此或做了描述或有了专门的著作）等观点做了批判性说明。

恩格斯紧接着指出在1844年4、5月，工人不断地举行集会、请愿，虽然法赫尔发现“英国工人也注意工作时间的立法限制”，但是工人们对这一问题只会“部分的关心”，他们的愤慨更多表现在争取自我权益的实际运动上，如工人将主张废除谷物法的人从集会的讲坛上轰走等。恩格斯进一步批判到，工人并不是像法赫尔先生所断定的那样被宪章运动的允诺所迷住，而只是将宪章运动作为政治上的舆论。此外，恩格斯还表示，政治集团与土地和工厂所有者集团并不是绝对同一的，他们之间并未达到互不融合的地步。

（三）马克思、恩格斯对埃德加尔和鲍威尔思辨方法的批判

对埃德加尔·鲍威尔（弟弟）和布鲁诺·鲍威尔的批判主要集中于本书第四章，该任务由马克思和恩格斯共同承担。其中，恩格斯负责前两部分：弗洛拉·特莉斯坦的“工人联合会”和贝罗论娼妓问题，马克思负责后两部分：爱情和蒲鲁东。马克思和恩格斯从对埃德加尔和鲍威尔制定公式等教条主义、胡乱干预社会问题（指埃德加尔对巴黎的一位警官贝罗所著的关于娼妓制度的书的评述是错误的）、随意将爱情与人类和单个的人分割开来，竭力摆脱爱情、歪曲蒲鲁东和蒲鲁东著作四个方面展开了批判，本部分主要概述第四部分——歪曲蒲鲁东和蒲鲁东著作。

1. 认为埃德加尔使蒲鲁东著作受到双重攻击

在埃德加尔看来，《什么是财产？》这部著作不是蒲鲁东本人写的，而是“蒲鲁东的观点”写的，并且以翻译的方式赋予蒲鲁东著作以“批判的批判”的特征，至此，**“蒲鲁东的著作就遭到了埃德加尔先生的双重攻击，即通过赋予特征的翻译的暗中攻击和通过批判的评注的公开攻击。我们将看到，埃德加尔先生在翻译时比他在做评注时更为毒辣”**[①]。埃德加尔对蒲鲁东著作的歪曲主要体现在他1844年4月《文学总汇报》第5

① 中共中央马克思恩格斯列宁斯大林著作编译局编：《马克思恩格斯全集》第2卷，人民出版社1957年版，第27页。

期《蒲鲁东》一文中，如文中他对“蒲鲁东有关贫困与公平相抵触”的观点时而认为合理，时而认为不合理，这也表明了他在歪曲蒲鲁东著作时自身的矛盾性所在。

2. 指明埃德加尔对蒲鲁东本人观点的歪曲

马克思指出，被埃德加尔赋予特征之后的蒲鲁东只剩下单纯的愿望和主张并且具有了驯顺性格的群众特性，这样的蒲鲁东经常使自己的“希求”与“不希求”相遇，而且除废除特权之外的愿望，新特性的蒲鲁东提供不了任何新东西的体系（这是作为作家最致命的要害）。但事实并未如此，**“真正的蒲鲁东声明：他不追求任何抽象的科学的目的，而只是向社会提出一些直接实践的要求”**[①]。马克思进一步对比了真正的蒲鲁东和批判的蒲鲁东对公平、正义、自由、不幸、改良主义等的理解，其实，在马克思看来，批判的蒲鲁东就是埃德加尔的化身，之所以会出现被赋予特征的蒲鲁东在说话方面和思考问题方面都跟群众的蒲鲁东不同的现象，就是因为埃德加尔以被赋予特征的蒲鲁东作为掩盖的外衣，来向大众宣传自己的想法，而由于他教育过程的因素，注定埃德加尔自认为的“理论的终点”连正确理论的起点都达不到。关于此，马克思用真理与谬论、道德规则与社会进步的关系为例说明了蒲鲁东观点的正确性。马克思重申了蒲鲁东的观点：(1)谬误构成科学的阶梯，不完善的判断也包含着一些真理，但真理超出一定的领域就会在理论上产生谬误，从而在实践上导致失败。(2)尽管道德规则不完备的知识在一定的时间内也可能足够社会进步之用。

---

① 中共中央马克思恩格斯列宁斯大林著作编译局编：《马克思恩格斯全集》第2卷，人民出版社1957年版，第28页。

3. 指出蒲鲁东对国民经济学的贡献

为说明蒲鲁东的确对国民经济学做出了科学的批判，马克思首先对正确批判的前提做了说明，他指出："对任何科学的最初的批判都必然要拘泥于这个批判所反对的科学本身的种种前提，同样，蒲鲁东的《什么是财产？》这部著作也是根据国民经济学的观点对国民经济学所做的批判。"[①]同时，马克思也直接反驳了埃德加尔《什么是财产？》这部著作是由"蒲鲁东的观点"写的错误观点，指出该著作以及对国民经济学的批判都是由蒲鲁东本人所作。进而总结了蒲鲁东对国民经济学所做的贡献，主要体现在以下两个方面：（1）蒲鲁东第一次对国民经济学的基础即私有财产作了具有决定意义的、无所顾忌的批判的考察，这不仅让他本人在科学上实现了巨大进步，而且还引起了国民经济学的革命，第一次使国民经济学有可能成为真正的科学。（2）蒲鲁东考察了工资与资本的敌对性、价值和商业、工人与资本家的关系，尤其考察了经济关系上人性的假象，揭露了国民经济关系的扭曲性。正如马克思所说的那样，"他严肃地看待国民经济关系的人性的假象，并让这种假象同国民经济关系的非人性的现实形成鲜明的对照。他迫使这些关系在现实中成为它们把自己想象成的那种东西；或者更确切些说，他迫使这些关系抛弃它们关于自身的这种想象而承认自己是真正非人性的"[②]。因此，在马克思看来，蒲鲁

① 中共中央马克思恩格斯列宁斯大林著作编译局编译：《马克思恩格斯文集》第1卷，人民出版社2009年版，第255页。

② 中共中央马克思恩格斯列宁斯大林著作编译局编译：《马克思恩格斯文集》第1卷，人民出版社2009年版，第257页。

东与其他国民经济学家是不同的，因为他不是以局部而是以总括全局的方式去看待国民经济关系的，马克思认为，从国民经济学观点出发对国民经济学进行批判时所能做的一切，蒲鲁东都做了。

4. 论述了无产阶级的特点和无产阶级能够解放自身的理由

首先，马克思批判了埃德加尔用神学方式去研究无产阶级的行为，并引用有产阶级和无产阶级进行对比来说明无产阶级的特点。“有产阶级和无产阶级同样表现了人的自我异化。但是，有产阶级在这种自我异化中感到幸福，感到自己被确证，它认为异化是它自己的力量所在，并在异化中获得人的生存的外观。而无产阶级在异化中则感到自己是被消灭的，并在其中看到自己的无力和非人的生存的现实。这个阶级，用黑格尔的话来说，就是在被唾弃的状况下对这种被唾弃的状况的愤慨，这是这个阶级由于它的人的本性同作为对这种本性的露骨的、断然的、全面的否定的生活状况发生矛盾而必然产生的愤慨。”[①]在深刻揭露了有产阶级和无产阶级的差别后，马克思指出，无产阶级在雇佣劳动的条件下，不得不为别人不断生产财富、为自己生产贫困，所以它也不得不为自身和自身所处的阶级做出判决，但是，无产阶级的胜利是消灭自身和自己对立面（即私有财产）的胜利，因此它不会成为社会的绝对方面。其次，马克思论述了无产阶级能够自己解放自己的理由，并明确指出无产阶级的目标和历史使命根源于无产

① 中共中央马克思恩格斯列宁斯大林著作编译局编：《马克思恩格斯文集》第1卷，人民出版社2009年版，第261页。

阶级的生活条件，而且已经在现实生活中预示出来了，即使“批判的批判”由于宣告自己是历史唯一创造因素而不愿意承认这一点，但是它始终无法抵抗真正历史的发生。“由于在已经形成的无产阶级身上，一切属于人的东西实际上已完全被剥夺，甚至连属于人的东西的外观也已被剥夺，由于在无产阶级的生活条件中集中表现了现代社会的一切生活条件所达到的非人性的顶点，由于在无产阶级身上人失去了自己，而同时不仅在理论上意识到了这种损失，而且还直接被无法再回避的、无法再掩饰的、绝对不可抗拒的贫困——必然性的这种实际表现——所逼迫而产生了对这种非人性的愤慨，所以无产阶级能够而且必须自己解放自己。”①

5. 批判了埃德加尔对费尔巴哈思辨哲学的颠倒

把哲学认为是事物现状的抽象表现是由费尔巴哈最先提出并证明的。而埃德加尔先生只是将费尔巴哈的思辨哲学进行了颠倒和置换，如费尔巴哈认为哲学应从“思辨的天国”下降到“人类贫困的深渊”，而埃德加尔则提出哲学是超实践的。马克思指出，实质上，过去的哲学由于超验性、抽象性和与现实世界的不符合，势必会将自身置于事物和人之上，因此哲学在以前只是满足于抽象形式的实践，并未通过现实的实践来影响和干预事物。而当思辨的哲学谈到人的时候，从不用具体的东西，而是用观念、精神等抽象的东西代替。

① 中共中央马克思恩格斯列宁斯大林著作编译局编：《马克思恩格斯文集》第1卷，人民出版社2009年版，第261—262页。

6. 批判埃德加尔混淆了“价值”与“效用”、“空闲时间”与“劳动时间”

马克思批判地指出，埃德加尔把劳动时间当作劳动产品在国民经济学上的价值尺度，这个错误结论的得出是他将价值译成了效用的缘故，是因为他把空闲的时间和劳动时间等量齐观。马克思通过分析工资、价值和效用等指出：无论物品的生产还是精神的生产，其价值都是由生产该物品所需要的劳动时间决定的。

7. 批判埃德加尔“一切皆范畴”的思想

马克思指出，埃德加尔只看到一些范畴，如他认为拥有和不拥有、工资、薪饷、匮乏和需要、劳动等都只是一些范畴而已，这属于唯灵论的表现。对于这个问题，马克思主要通过拥有和不拥有来论证埃德加尔的错误。如马克思认为埃德加尔没有看到不拥有的现实境遇表现为实际的生存之路被切断，是饥饿、寒冷、疾病、罪过、屈辱等一切不合人道的和违反自然的现象的拥有，而蒲鲁东将上述这些作为思考和考察的对象，而不是范畴，这是完全正确的。并且，埃德加尔所谓的不拥有并不是蒲鲁东的实际用法，蒲鲁东用的是“占有”，他通过占有去反对拥有的旧形式，并把占有解释为“社会职能”，主张能够在这一职能中使用和实现自身的本质力量。此外，在批判性的评注5的章节中，埃德加尔还错误地认为一切祸害都只存在于工人们的“思维”当中，并蛊惑工人说在思想上征服、摆脱“抽象的我”这个范畴就能改变自己的现实存在和条件，变成现实的人。马克思指出，这种“精神”实质上就是一种思辨唯心主义。

（四）马克思通过对“思辨结构的秘密”的批判，揭露了思辨唯心主义的实质

对“思辨结构的秘密”的批判及对唯心主义认识论根源的揭露主要分布在本书的第五章——贩卖秘密的商人所体现的批判的批判或施里加先生所体现的批判的批判和第八章——批判的批判之周游世界和变服微行，或盖罗尔施坦公爵鲁道夫所体现的批判的批判，这一批判任务也主要由马克思担任。

1. 批判施里加把现实关系神秘化

施里加在此部分的理论是建立在他赞成法国作家欧仁·苏写的小说《巴黎的秘密》的基础上，该书主要宣扬社会改良思想，而施里加的批判都在证明该小说所宣扬的思想的正确性。因此，马克思在本部分的批判首先从否定《巴黎的秘密》的观点开始。施里加不仅在自己的作品中将时代弄错，而且描写的一切只是为投合读者的心理，因此他所有的改良如对国家里无法纪状态的改革、市民生活的改革、初等教育改革等只能停留在他的小说里，而落实不到具体的生活实践。在这种不切实际改良思想的指引下施里加先生就把现实中存在的所有关系都看作秘密，甚至把现实当中平凡的东西也变成了秘密，如他不再揭露罪犯、国家中的无法纪状态和不平等现象，而一概而论地将它们说成是秘密。

2. 对施里加“秘密”范畴和思辨结构的批判

马克思借用作家欧仁·苏作品里“有教养的社会的秘密”来讽刺施里加不切实地考察社会底层产生罪犯的原因，而是通过简单的几次思考“教养”含义的方式将上层社会的“罪行”

秘密化，并企图使其逃避任何考察。如施里加和被他尊崇为神的欧仁·苏关于“爱情的秘密”是否在于被禁止事物的诱惑力问题上的观点是相互矛盾的，前者持否定态度，后者持肯定态度，这不仅因为这一思想的思辨性，而且也由于它是一个抽象的范畴所致。在论述到有关“正直和虔敬的秘密”章节中，马克思指出，“施里加先生把基督教变成个人的特质，即‘虔敬’，而把道德变成另一种个人的特质，即‘正直’。他把这两种特质结合在一个人身上，并把这个人命名为雅克·弗兰，因为雅克·弗兰并没有这两种特质，而只是假装出这种样子。于是，雅克·弗兰就成了‘正直和虔敬的秘密’。然而，弗兰的‘遗嘱’是‘表面上的正直和虔敬的秘密’”[①]，“施里加先生追求两个目的。第一、必须把体现在上流社会的特殊集团中的秘密变成‘整个世界的公共财产’。第二、必须把公证人雅克·弗兰构造成秘密的有生环节”[②]。但其实，施里加简单地将教养、文明等同于贵族的教养，他根本看不到工商业建立的王国不同于基督教和道德、家庭幸福和小市民福利所建立的王国。马克思指出，施里加所建立的秘密不仅是抽象的、不可捉摸的范畴，而且施里加还想尽办法让其自身完成思辨的过程，其实，这一秘密只不过是任何一个人所认知的事实而已，如“全世界的公共财产”的绝对秘密就是如此。

3. 批判施里加“思辨结构的秘密”，揭露黑格尔哲学的形而上学性

① 中共中央马克思恩格斯列宁斯大林著作编译局编：《马克思恩格斯全集》第2卷，人民出版社1957年版，第89页。

② 中共中央马克思恩格斯列宁斯大林著作编译局编：《马克思恩格斯全集》第2卷，人民出版社1957年版，第88页。

（1）马克思在本书的第五章中明确指出，施里加对《巴黎的秘密》所作的批判性叙述的秘密，其实就是思辨结构即黑格尔结构的秘密。施里加企图用“秘密”这个范畴消融一切，并让其通过自我思辨的方式来延续自我的生命历程。马克思敏锐地看到，思辨想要从各种不同的现实的果实中，如梨、苹果、扁桃等等得出一个抽象的“果实”——“果品”，但这个抽象的“果品”观念由于得不出具有现实内容的果实而陷入到自己的对立面，因为施里加在运用上述思维时只是简单地将大家熟知的、有目共睹的属性作为自己发明的规定塞进了抽象的概念而已。所以马克思总结出：“用这种方法是得不到内容特别丰富的规定的。如果一位矿物学家的全部学问仅限于说一切矿物实际上都是矿物，那么，这位矿物学家不过是他自己想象中的矿物学家而已。”[①]因此，思辨结构是越不出抽象这个圈子的。（2）同时，马克思首先指出了黑格尔哲学的特点，“首先，黑格尔善于用诡辩的巧妙手法把哲学家借助感性直观和表象从一个对象过渡到另一个对象时所经历的过程，说成是臆想出来的理智本质本身即绝对主体所完成的过程。其次，黑格尔常常在思辨的叙述中作出把握住事物本身的、现实的叙述。这种在思辨的阐述之中所作的现实的阐述会诱使读者把思辨的阐述看成是现实的，而把现实的阐述看成是思辨的”[②]。接着，在与黑格尔哲学相对比的基础上，马克思指出黑

① 中共中央马克思恩格斯列宁斯大林著作编译局编：《马克思恩格斯文集》第1卷，人民出版社2009年版，第277页。

② 中共中央马克思恩格斯列宁斯大林著作编译局编：《马克思恩格斯文集》第1卷，人民出版社2009年版，第280页。

格尔起码还有掩饰，而“秘密”连掩饰都没有。“在赛利加先生那里就没有这两种困难。他的辩证法丝毫没有伪善和矫饰。他以值得称赞的诚实和老实人的直率来表演他的特技。而且他不在任何地方掺入现实的内容，所以他的思辨结构没有任何碍手碍脚的附加物，没有任何模棱两可的掩饰，这种思辨结构让我们看到的是赤裸裸的美。而且，在赛利加先生那里还出色地表明：一方面，思辨怎样以虚假的自由方式从自身中先验地[a priori]造出自己的对象；另一方面，思辨又怎样由于想用诡辩来摆脱对对象的合理的、自然的依存关系，却偏偏陷入了对对象的最不合理和最不自然的从属关系，而不得不把对象的最偶然的和最个性化的规定臆造成绝对必然的和普遍的规定。”①由此，马克思指出，思辨结构在施里加那里是虚伪的、诡辩的和形而上学的。

4. 对鲁道夫宗教式“秘密”和思辨结构的批判

马克思在本书第八章指出，鲁道夫通过周游世界的方式对自己进行双重赎罪，并发誓要赏善罚恶时，赢得了“刺客”的尊敬和信任，自此后，鲁道夫通过阶段性教育来转变他，刺客学会了伪善、背信、狡黠和伪装，充当着鲁道夫的“看护”并转变为无独立性和个性的“狗”的样子。其实，鲁道夫只是借用这种宗教式的秘密来掩盖自己的罪行，就如马克思在“揭露法纪的秘密”章节中指出的，鲁道夫认为灵魂是神圣的，他只把灵魂看作真正的本质，而忽略肉体，所以才会出现鲁道夫阉割了“校长”，夺去了他的一个生殖器官——眼睛的事件，他的这

① 中共中央马克思恩格斯列宁斯大林著作编译局编：《马克思恩格斯文集》第1卷，人民出版社2009年版，第280—281页。

种粗暴的方式正好印证了他的宗教本质。同时，马克思明确指出，鲁道夫的刑罚理论实质上是黑格尔的刑罚理论。这种理论实际上是一种思维上脱离现实的抽象的“理念”，它势必会被纯主观的武断所代替，因此“只不过是对通行的经验刑罚的一种思辨解释”[①]。况且，鲁道夫在他的实践中并没有同自己身上的邪恶作斗争，而是一味去制服他人身上的邪恶。此外，马克思批判了鲁道夫对慈善、妇女解放、贫民银行等的“荒诞”评论和伪善做法。提到慈善，马克思说，“鲁道夫无意中说出了早已公开的秘密：人的贫穷、使人不得不接受施舍的那种极度窘迫的境遇，都应供金钱贵族和知识贵族娱乐，应当作为满足他们的自私欲、供他们摆架子和消遣的对象”[②]。其实，正如马克思所揭示的那样：“慈善事业也早就已经当做消遣来举办了”[③]；路易莎·莫莱尔被捕时，鲁道夫对妇女解放的问题发表了一些自我的批判，马克思指出，鲁道夫未能了解和看到妇女在现代社会中的一般状况的非人性；鲁道夫创立了贫民银行。但它并不能如它的宗旨所提到的那样为有家室的工人在失业期间予以真正的救济；鲁道夫在布克伐尔建立了一所“模范农场”，但马克思指出该农场只是幻想的空中楼阁而已；最后马克思指出，鲁道夫是神学道德的代表，因为他用衡量世界的基督教的固执观念如“慈善事业”“无比忠顺”“克己”“忏悔”

① 中共中央马克思恩格斯列宁斯大林著作编译局编：《马克思恩格斯全集》第2卷，人民出版社1957年版，第228页。

② 中共中央马克思恩格斯列宁斯大林著作编译局编：《马克思恩格斯全集》第2卷，人民出版社1957年版，第247页。

③ 中共中央马克思恩格斯列宁斯大林著作编译局编：《马克思恩格斯全集》第2卷，人民出版社1957年版，第248页。

“善与恶”“赏与罚”“可怕的惩治”“隐遁”“拯救灵魂”等宗教式的意识来建立和成就自己的事业。因此,他所持的理念以及他自身伪善的性格都和批判的批判如出一辙。

5. 对鲍威尔的现象学下的“秘密”和思辨结构的批判

在鲍威尔的眼中,人、精神等都变成了纯粹的哲学概念、观点,其实,这还是属于批判的批判的总秘密即思辨的结构。马克思指出,“鲍威尔的这种勇气的秘密就在于黑格尔的‘现象学’。黑格尔在‘现象学’中用自我意识来代替人,因此最纷繁复杂的人类现实在这里只是自我意识的特定的形式,只是自我意识的规定性”①。即黑格尔将“自我意识”看作人的唯一存在方式,认为它是唯一的、无所不包的实在,而实际上自我意识的这种规定性就是一种“范畴”和“思想”。在黑格尔的“现象学”中,摒弃一切实物甚至现实的世界,将其变成了“思维的东西”和“自我意识的纯粹规定性”,奉行一切皆哲学的观点,并试图用“绝对知识”来代替全部人类现实。马克思批判到,黑格尔将世界头足倒置,所以在他头脑中可以消灭一切界限,但对现实的人来说,被消灭的界限仍然继续存在着。因此黑格尔被马克思称为职业的神学家,他只看到宗教式的自我意识,而看不到现实存在,他将存在和思维二者思辨地同一,将实践和理论神秘地同一。最后,马克思客观评价了黑格尔的“现象学”和鲍威尔及其伙伴的秘密。“不言而喻,如果说黑格尔的‘现象学’尽管有其思辨的原罪,但还是在许多方面提供了真实地评述人类关系的因素,那末鲍威尔先生及其伙伴

① 中共中央马克思恩格斯列宁斯大林著作编译局编:《马克思恩格斯全集》第2卷,人民出版社1957年版,第244页。

却相反，他们只是提供了一幅毫无内容的漫画，这幅漫画只是满足于从某种精神产物中或从现实的关系和运动中撷取一种规定性，把这种规定性变为想像的规定性、变为范畴，并把这个范畴充作产物、关系或运动的观点。”[①]在马克思看来，鲍威尔等人都是把现实的人变成了抽象的观点，而不是具有现实性的实在的人。

总之，马克思认为思辨的雏形只是“观念的体现”，“思辨结构的秘密”是二元论的代表，是对黑格尔哲学的继承，其实质就是“用虚幻的联系、神秘的主客体来代替世界秩序和世界事件之间的自然的合乎人性的联系，这就像黑格尔用那一身兼为整个自然界和全体人类的绝对的主客体——绝对精神来代替人和自然界之间的现实的联系一样”[②]。

（五）马克思、恩格斯通过对布鲁诺“自我意识”的哲学批判，阐述了唯物主义的群众史观

对布鲁诺批判的内容主要在分布在本书第六章和第七章，由马克思和恩格斯共同分担，马克思负责了几乎全部的批判，恩格斯只负责其中一小部分（对哲学的谴责以及“软心肠的”和“求救的”群众）。在这两章中，马克思主要批判和论述了布鲁诺·鲍威尔的“精神”和“群众”对立的观点、有关犹太人问题、法国唯物主义的产生、起源和发展方向等问题。

---

① 中共中央马克思恩格斯列宁斯大林著作编译局编：《马克思恩格斯全集》第2卷，人民出版社1957年版，第246页。

② 中共中央马克思恩格斯列宁斯大林著作编译局编：《马克思恩格斯全集》第2卷，人民出版社1957年版，第213页。

1. 批判布鲁诺·鲍威尔的“精神”和“群众”对立的观点

（1）精神与群众的对立。一直以来，布鲁诺都是通过批判地贬低、否定和改变某些群众的事物和人物或全体群众以取得自己的相对荣誉和绝对荣誉。布鲁诺认为群众是抽象不变的，并把群众规定为“精神”的“对立物”，即“思想懒惰”“表面性”和“自满”，但他没有研究精神对立物所表现出来的“内容”产生的来源，而是将这些品质强硬地安置在群众的头上，并以此来贬低和侮辱他们。马克思指出，布鲁诺有关“精神”和“群众”的对立的历史观来源于黑格尔关于精神和物质、上帝和世界相对立的基督教德意志教条的思辨的历史观。这种历史观错误地认为人和历史存在的唯一缘由就是使真理达到自我意识，它认为真理与历史都是脱离群众的，并在主观上将历史和真理演变为形而上学的主体，而把现实的、行动着的人类（群众）个体变成形而上学的主体的单纯体现者，马克思指出，实际上是群众决定了历史的“任务”和“业务”，历史的活动和思想表现的就是“群众”的活动和思想，即历史活动是群众的伟大事业。同时马克思强调，在历史发展过程中，一定要将“思想”和全部群众实际利益结合起来，并将这种思想付诸实践，而不是仅仅作为一个“观念”，只有如此，才能达到历史发展的目的，并列举资产阶级在1789年的革命、作家和书报检查官之间的斗争等来说明此道理。

（2）固定不变的概念。布鲁诺把“精神”、“进步”和“群众”视为固定不变的概念，并将其相互对立起来。这样，群众就失去了现实性或者实际存在性，而只是变成了为“批判”而生的抽象概念。这也是黑格尔思辨历史观的具体表现。马克思指出,“黑格尔历史观的前提是抽象的或绝对的精神,这种精神正在以下面这种方式发展着:人类仅仅是这种精神的有意识或无意识的承担者,即群众。因此,思辨的、奥秘的历史在经验的、明显的历史中的发生是黑格尔一手促成的。人类的历史变成了抽象的东西的历史,因而对现实的人说来,也就是变成了人类的彼岸精神的历史”[①]。马克思说黑格尔的过错在于双重的不彻底性:“(1)他宣布哲学是绝对精神的定在,同时又不肯宣布现实的哲学家就是绝对精神;(2)他仅仅在表面上把作为绝对精神的绝对精神变成历史的创造者。既然绝对精神只是post festum〔事后〕才通过哲学家意识到自身这个具有创造力的世界精神,所以它的捏造历史的行动也只是发生在哲学家的意识中、见解中、观念中,只是发生在思辨的想像中。”[②]按照这一思想的逻辑,布鲁诺及其伙伴将自己视为历史中绝对者、无限者的积极因素,而群众则变成了有限的、粗野的、卤莽的、僵死的和无机的消极历史因素,这就造成了改造社会的事业被归结为批判的批判的大脑活动的局面,而实际情况则是群众创造了全部社会事业。

(3)批判的批判的通信。在第七章中,批判的批判宣称它同群众的关系是现代的具有全世界历史意义的关系,并认为自己是绝对的主体,马克思对此观点进行批判的同时还论述了批判的批判借用记者发布通讯的方式宣扬群众与精神的

① 中共中央马克思恩格斯列宁斯大林著作编译局编:《马克思恩格斯全集》第2卷,人民出版社1957年版,第108页。

② 中共中央马克思恩格斯列宁斯大林著作编译局编:《马克思恩格斯全集》第2卷,人民出版社1957年版,第109页。

对立性，如采尔莱德、弗莱什汉默尔等记者扮演了批判的批判的朋友或其思想的忠实发布者的角色，即执行和证实批判的预言，马克思批判这些记者对自己的通讯不负责任，因为这些通讯丝毫不能代表群众的利益，而是记者个人对阿尔诺德·卢格先生的虔敬和对布鲁诺·鲍威尔先生的盲目、愚蠢的虔敬的调和品。马克思也指出了这些通讯的使命，“通讯的使命主要是向公众详尽地叙述批判对‘柏林学社’的这种具有世界历史意义的关系，阐明这种关系的深刻意义，证明批判必须残酷地对待这种‘群众’，最后造成一种假象，似乎整个世界屏息注视着这种对立，有时赞成批判的行动方针，有时则加以反对”[①]。但是实际上，批判的批判越是如此大肆宣布，“批判的批判作为政党把自己同除它以外的全人类对立起来，把一切心思都集中在布鲁诺先生及其伙伴的人格上，于是滚到了政党观点之下，但是它仍然想像自己凌驾于一切党派之上”[②]。布鲁诺将现实的人当做偶性，当做表现自己为永恒实体的人间的容器，导致他将人异化和造成自身永远生活在社会之外。

2. 通过对犹太人问题的研究，马克思论述了政治解放和人类解放的关系

在本章节，马克思通过犹太人问题，第一号、第二号和第三号三个小节阐述了自己对市民社会和国家、政治解放和人类解放的关系问题。鉴于批判的批判将布鲁诺·鲍威尔的著

① 中共中央马克思恩格斯列宁斯大林著作编译局编:《马克思恩格斯全集》第2卷，人民出版社1957年版，第198页。

② 中共中央马克思恩格斯列宁斯大林著作编译局编:《马克思恩格斯全集》第2卷，人民出版社1957年版，第201—202页。

作——《犹太人问题》看做绝对的东西，马克思在《德法年鉴》专门发表了《论犹太人问题》一文，用来驳斥批判的批判。马克思首先从布鲁诺教条主义的对待“人权”问题出发对他进行了批判，马克思犀利地指出，布鲁诺在自己的论述和思想中把国家和人类、人权和人本身、政治解放和人类解放混为一谈，所以他错误地断言犹太人对于现代的形成是毫无贡献的。这种断言没有考察市民社会的形成、国家的产生和本质，其实也是黑格尔思辨哲学的变相表现。谈到政治，马克思说，鲍威尔把“犹太人问题”解释成是真神学和假政治，但其实他研究的所谓政治也不是政治，而是神学，因此批判的批判只是进行了“纯粹神学”的批判，只是将这一问题解释成“纯宗教”的问题，而不是对政治和社会主义进行现实的考察和批判。紧接着，马克思引用了社会主义的原理，即关于解放问题，他不认同理论领域的解放，而是无论在理论还是实践，群众必须进行物质的、实际的变革，但鲍威尔把政治解放同人类解放混淆的必然后果就是他也将解放的政治手段和人类手段一同混淆了。马克思指出，鲍威尔应该越出自己对这一问题的狭隘理解（如应该用现实的犹太人去解释犹太教的秘密，而不是限于犹太人是神学的直接对象或犹太人是神学家），切实研究犹太人对待现代市民社会的真实态度，真正地揭示犹太人对市民社会产生的作用、对国家的作用，而不是胡乱地说是犹太人排除国家。马克思经过一番论述后得出：“因此，犹太人解放为人，或者人从犹太精神中获得解放，不应像鲍威尔先生那样理解为犹太人的特殊任务，而应理解为彻头彻尾渗透着犹太精神的现代世界的普遍的实践任务。”[①]同时，他指出，目前，在某些国家里虽然犹太人获得了完全的政治解放，但未获得实际意义的人类解放，并且应该将在政治上不能解放犹太人的国家列入不发达国家之列。故我们应该看到政治解放和人类解放的差别。在这里，马克思也论述了政治解放和宗教解放的关系，他说“把人划分为非宗教的公民和宗教的个人，这同政治解放毫不矛盾。已经向他[②]指出，当国家摆脱了国教并且让宗教在市民社会范围内存在时，国家就从宗教下解放出来了，同样，当单个的人已经不再把宗教当做公事而当做自己的私事来对待时，他在政治上也就从宗教下解放出来了”[③]。

3. 研究了法国唯物主义产生、来源和发展方向，确立了哲学的基本派别

马克思在这里指出，在前面的论述中，我们已经谈到，布鲁诺·鲍威尔的“自我意识”，他认为，世界是由“自我意识”所建立的，并经常在这一意识中创造自身。在这样的理论引导下，鲍威尔自然会将唯心主义视为唯物主义的“真理”。并且他错误地将唯物主义和自然神论视为斯宾诺莎学说的双胞胎。马克思指出，这其实是黑格尔学说的演变。因为，黑格尔哲学体系就把自然神论和唯物主义看作是斯宾诺莎主义的两个哲学学派。对此，马克思通过论述法国唯物主义的发展史来回击布鲁诺·鲍威尔。马克思依据布鲁诺·鲍威尔的“批判

① 中共中央马克思恩格斯列宁斯大林著作编译局编：《马克思恩格斯全集》第2卷，人民出版社1957年版，第141页。

② 指鲍威尔

③ 中共中央马克思恩格斯列宁斯大林著作编译局编：《马克思恩格斯全集》第2卷，人民出版社1957年版，第143页。

的历史”提出的三个问题(为什么？来自何处？去向何方？)为逻辑进行了自己对这一问题的见解。

第一,法国唯物主义为什么产生。马克思把法国唯物主义的批判的历史和法国唯物主义的世俗群众的历史进行了比较,指出前者是一种思辨的形而上学的超感觉和超经验,后者则是在实践中体现了唯物主义。马克思指出18世纪的法国唯物主义,不仅反对现存政治斗争,也反对宗教和神学的斗争。马克思首次揭示了哲学上的唯物主义和唯心主义两个基本派别,论证了哲学的发展是两个派别相互斗争的动态过程。

第二,法国唯物主义的理论来源。马克思认为,如果从散文意义上说,法国唯物主义有两个主要派别,并指出唯物主义的历史汇入了自然科学发展的历史总流。马克思认为,“法国唯物主义有两个派别:一派起源于笛卡儿,一派起源于洛克。后一派主要是法国有教养的分子,它直接导向社会主义。前一派是机械唯物主义,它成为真正的法国自然科学的财产。这两个派别在发展过程中是相互交错的”[1]。在后续的发展中,拉美特利是笛卡尔的典型代表,爱尔维修和霍尔巴赫是洛克派的典型代表。笛卡儿哲学中的唯心主义受到了来自唯物主义方面的批判,如哲学家伽桑狄(他恢复了伊壁鸠鲁的唯物主义)、英国唯物主义哲学家霍布斯和比埃尔·培尔,其中比埃尔·培尔的批判是最彻底的,他用怀疑论彻底地摧毁了形而上学。因此,有人评述说比埃尔·培尔对17世纪来说,是最后一个形而上学者,而对18世纪来说,则是第一个哲学家。法国唯

---

① 中共中央马克思恩格斯列宁斯大林著作编译局编:《马克思恩格斯全集》第2卷,人民出版社1957年版,第160页。

物主义另一派起源于洛克。洛克的哲学是唯物主义经验论的代表，并保留了两个实体的观念，因此，按照马克思的观点，他并未完全跳出“最后的神学藩篱”，因此一定意义上说洛克哲学得到了双重继承，如他的唯心主义成分被贝克莱和休谟继承并创立了主观唯心主义学说，而其哲学中的唯物主义成分则被爱尔维修、霍尔巴赫、狄德罗等唯物主义哲学家所继承和发展。

第三，法国唯物主义的发展方向。马克思认为成熟的共产主义来源于法国的唯物主义，即法国唯物主义的发展方向就是走向社会主义和共产主义。马克思分析了18世纪的唯物主义同19世纪的英国和法国的共产主义的联系，认为巴贝夫的共产主义虽然是粗鲁的、不文明的，但他提出了铲除私有制的思想。马克思指出法国的唯物主义以爱尔维修所赋予的形式回到了它的祖国英国，而边沁、欧文、萨米、盖伊等人则成为这一主义支撑下的共产主义者。

（六）阐述历史的结语：对《文学报》和神圣家族的科学预言

本书的第九章也是最后一章是马克思对神圣家族的所做的历史性结论，他讽刺鲍威尔兄弟的作品是“乡下人的创作”和“粗糙的作品”，并引用天主教圣歌——世界末日的审判来寓意《文学报》和神圣家族终将会灭亡：“我们以后知道，灭亡的不是世界，而是批判的‘文学报’。”[1]

---

① 中共中央马克思恩格斯列宁斯大林著作编译局编：《马克思恩格斯全集》第2卷，人民出版社1957年版，第268页。

三、全书重要理论解析

（一）思维与存在的辩证关系理论

思维与存在的关系问题是哲学的基本问题。在《神圣家族》中，马克思从认识论角度出发，靶向批判了青年黑格尔派把现实问题归结为观念问题的主观唯心主义，揭露了一切思辨哲学的认识论根源，唯物辩证地阐释和解决了思维与存在的辩证关系问题。

马克思以批判和建构的逻辑为思维与存在的逻辑辩证关系正名。首先，马克思以“果实”示例，对鲍威尔一伙的“自我意识”的哲学进行批判和揭秘。通过果实的概念和具体果实之间关系的辨析，以“果品”和“果实”之辨形象生动地分析了思辨唯心主义创造的推演步骤，从而揭示了物质与意识的关系问题。从现实的人的认识过程来看，“果品”这个概念的产生是认识由具体到抽象的结果，是感性的人的意识对现实的苹果、梨等果实的抽象把握。而实际层面上，它的本质就存在于现实的、具体的果实之中，有着特殊的内容规定性，而这种规定性又是可以用有限的理智来把握的。马克思在第五章“思辨结构的秘密”一节中举例说：“如果我从现实的苹果、梨、草莓、扁桃中得出‘果实’这个一般的概念，如果再进一步想像我从现实的果实中得到的‘果实’[《die Frucht》]这个抽象观念就是存在于我身外的一种本质，而且梨、苹果等等的真正的本质，那末我就宣布（用思辨的话说）‘果实’是梨、苹果、扁桃等等的‘实体’，所以我说：对梨说来，决定梨成为梨的那些方面是非本质的，对苹果来说，决定苹果成为苹果的那些方面也是非本质的。作为它们的本质的并不是它们那种可以感触得到的实际的定在，而是我从它们中抽象出来又硬给它们塞进去的本质，即我的观念中的本质——‘果实’。”[①]这也就表明思辨哲学不把“果品”这个概念看作人的认识的结果，而是看作人想象的结果，这就脱离了苹果、梨等果实这个实体，甚至是脱离了现实的人。也就是说苹果、梨等的现实的、具体的、丰富的存在，并不能抽象出它们的本质，它们的本质只能由想象来赋予。

马克思认为此种思辨方法是忽视了对现实的、感性的物的本源的肯定，用思维的想象来消解现实存在，那么其结果必然是对现实的歪曲和否定。由此，马克思便生动形象地分析并揭露了一切思辨哲学的认识论根源，揭示了思辨哲学家是先从“个别”的具体事物中抽离出“一般”的共性特征，之后便把这个“一般”的共性特征想象成为一种独立的存在，是“个别”存在的真正的本质，最后就认为原先最初的“个别”只不过是“ ·般”这个真正实体的简单存在形式，是它的样式。这样就是从“一般”推演出了“个别”。正如文中写道：“于是我就宣布：苹果、梨、扁桃等等是‘果实’的简单的存在形式，是它的样态。”[②]这样来看，基于个人理性所辨别出的“个别”的差异，在思辨的理性看来却都是无关紧要的、非本质的。而思辨的理性却在个别的差异中看出了共同的东西，这就是“一般”这个

① 中共中央马克思恩格斯列宁斯大林著作编译局编：《马克思恩格斯全集》第2卷，人民出版社1957年版，第71—72页。

② 中共中央马克思恩格斯列宁斯大林著作编译局编：《马克思恩格斯全集》第2卷，人民出版社1957年版，第72页。

真正的本质和实体。亦如文中所说:“具有不同特点的现实的果实从此就只是虚幻的果实,而他们的真正的本质则是‘果实’这个实体。”[1]那么这就恰好颠倒了客观实在和主观观念之间的关系顺序,将思想观念的东西凌驾于现实生活之上,这就将唯心主义的实质暴露无遗。正如马克思所说:“要从现实的果实得出‘果实’这个抽象的观念是很容易的,而要从‘果实’这个抽象的观念得出各种现实的果实就很困难了。”[2]这也正是马克思对思维与存在辩证关系的形象表达。

由此,马克思揭露了思辨哲学总是按照其原则和方法将各种社会矛盾置于思辨的结构之中,把真实存在的社会问题都设计为只有“批判的哲学家”才能洞悉和把握的“秘密”,道出了“一切秘密本身的被揭露了的秘密”[3],即在于思辨的思维方式本身。这也就充分说明,思维与存在的同一性问题,揭示了人的认识过程是建立在客观现实基础之上而产生的能动性、创造性的活动。

(二) 物质生产决定社会历史发展的理论

在《神圣家族》中,马克思第一次提出了“生产方式”这一历史唯物主义的基本概念,开始认识到生产力的发展推动着社会的进步,从而揭示了物质生产是历史的发源地。正如马克思、恩格斯指出的,真正认识某一时期的历史,就必须认识

---

① 中共中央马克思恩格斯列宁斯大林著作编译局编:《马克思恩格斯全集》第2卷,人民出版社1957年版,第72页。

② 中共中央马克思恩格斯列宁斯大林著作编译局编:《马克思恩格斯全集》第2卷,人民出版社1957年版,第72页。

③ 中共中央马克思恩格斯列宁斯大林著作编译局编:《马克思恩格斯全集》第2卷,人民出版社1957年版,第207页。

“某一历史时期的工业和生活本身的直接的生产方式”[①]。虽然“生产方式”这一概念还比较笼统，并不十分清晰，但是已经被作为认识各个历史时期的标志和理解各段历史发展的钥匙。

在这部著作中，马克思和恩格斯批判了青年黑格尔派的唯心主义历史观，阐述了物质生产方式在社会发展中起决定作用的观点。他们认为，决定历史发展的是物质生产，不是自我意识。而鲍威尔一伙等人把历史的发展归结为“自我意识”的唯心史观，认为自我意识对于现实事物的批判构成了历史发展的决定力量。马克思、恩格斯认为，这类“批判”实际上“把历史同自然科学和工业分开，认为历史的发源地不在尘世的粗糙的物质生产中，而是在天上的云雾中”[②]。他们质问道：“它不去认识（比如说）某一历史时期的工业和生活本身的直接的生产方式，它就能真正地认识这个历史时期吗？”[③]在这里，马克思第一次明确指出历史的发源地在粗糙的物质生产中，揭示了生产方式对于认识一个历史时期的重大作用，明确地将生产方式作为理解社会历史发展的思想武器。

此外，马克思、恩格斯从物质与意识关系层面阐释了物质生产的客观性。马克思、恩格斯指出：“思想从来也不能超出旧世界秩序的范围：在任何情况下它都只能超出旧世界秩序

① 中共中央马克思恩格斯列宁斯大林著作编译局编：《马克思恩格斯全集》第2卷，人民出版社1957年版，第191页。

② 中共中央马克思恩格斯列宁斯大林著作编译局编：《马克思恩格斯全集》第2卷，人民出版社1957年版，第191页。

③ 中共中央马克思恩格斯列宁斯大林著作编译局编：《马克思恩格斯全集》第2卷，人民出版社1957年版，第191页。

的思想范围。思想根本不能实现什么东西。为了实现思想，就要有使用实践力量的人。”[1]这一科学论断就表明不是思想观念决定历史的发展，而是物质生产决定历史发展。而作为社会实践主体力量的人，仅仅拥有改变不合理世界的理论武器，要想达到实现改变旧世界的目的，唯有通过社会实践方能达成目的。与此同时，马克思、恩格斯还对思想的作用做了唯物主义的阐释，他们认为思想的能动作用实则是受物质的社会关系、利益需求所制约。思想从来就不是一种独立存在的社会力量，它只是对特定时代人类现实社会关系的综合反映。然而这种反映只能以该时代的社会关系和物质利益为基础，并不能超出这一时代的限制。正如马克思所言：“‘思想’一旦离开‘利益’，就一定会使自己出丑。”[2]无可厚非的是，思想也并非完全是消极的和无所作为，它可以通过指导和影响人们的社会实践，对社会历史的发展起着能动的作用。继而，马克思、恩格斯指出，即使是物质生产，也不能是随心所欲的，它必须以客观的物质存在为前提条件。“人并没有创造物质本身。甚至人创造物质的这种或那种生产能力，也只是在物质本身预先存在的条件下才能进行。”[3]这一论述深刻地阐释了物质生产的客观性。这也就表明，任何物质生产都是建立在客观现实基础之上才得以有所发展，一切生产都离不开客观

① 中共中央马克思恩格斯列宁斯大林著作编译局编：《马克思恩格斯全集》第2卷，人民出版社1957年版，第152页。

② 中共中央马克思恩格斯列宁斯大林著作编译局编：《马克思恩格斯全集》第2卷，人民出版社1957年版，第103页。

③ 中共中央马克思恩格斯列宁斯大林著作编译局编：《马克思恩格斯全集》第2卷，人民出版社1957年版，第58页。

条件的制约。前已述及，社会历史发展离不开物质生产作为发展基础，由此便可归纳为社会历史发展的根源是存在于现实社会的物质生产过程之中，而非虚幻的"自我意识"的生产过程中。

（三）人民群众是历史创造者的理论

《神圣家族》中，马克思、恩格斯首次正面论述了群众在历史发展中的主体地位，以"有实践力量的人"论断揭示了现实生活中人民群众的地位和作用，阐明了人民群众是使思想成为现实的主要推动力量，完成了唯物史观的重要理论建树，为其后在《德意志意识形态》全面阐释唯物史观奠定了基础。

马克思、恩格斯从物质生产决定社会历史发展的立场出发，探讨了人民群众的社会角色，论证了人民群众在社会历史发展中所扮演的主体角色。以布鲁诺·鲍威尔为首的青年黑格尔派试图用"精神"取代"群众"，把历史看作是精神和群众对立的历史，宣扬思辨唯心主义的历史观念。针对此种英雄史观，马克思和恩格斯指出，历史的发展不是以纯粹抽象的理论为归宿，而是以群众的社会生活实践为价值旨归。针对鲍威尔说"工人什么都没有创造"的谬论，马克思指出，批判的批判什么都没有创造，工人才创造一切，甚至就以他们的精神创造来说，也会使整个批判感到羞愧。英国和法国的工人就很好地证明了这一点。针对鲍威尔说"历史上的一切伟大的活动之所以一开始就是不成功的和没有实际成效的，正是因为它们引起了群众的关怀和唤起了群众的热情"[①]。马克思和恩

① 中共中央马克思恩格斯列宁斯大林著作编译局编：《马克思恩格斯全集》第2卷，人民出版社1957年版，第102页。

格斯指出："思想根本不能实现什么东西。为了实现思想，就要有使用实践力量的人。"[①]马克思认为有实践力量的人不是少数人，而是参与社会生活、从事历史活动的广大群众。同时马克思、恩格斯明确地指出，人民群众才是历史的真正主体，"历史活动是群众的事业，随着历史活动的深入，必将是群众队伍的扩大"。[②]在马克思、恩格斯看来，所谓历史活动，无非就是人类改造自然和改造社会的活动，而这一切活动本质上都是广大人民群众所开展的活动，正是群众才创造了这一切。而随着社会物质生产和社会改革的持续深入，人民群众创造社会历史的活动也会随之发展，那么相应地群众的队伍也会随之壮大，其阶级觉悟也会随之提高。由此可见，社会历史的发展是与人民群众创造历史的活动深入紧密联系在一起的。

此外，马克思、恩格斯在批判建构和客观还原真相的过程中，肯定了人民群众在社会历史发展中扮演的创造性角色。针对"绝对批判"把法国大革命的领导者罗伯斯比尔和圣茹斯特提出的"自由人民"思想描绘为一种"矛盾"的反动观点，马克思从历史唯物主义的角度予以了抨击，指出"绝对批判"的言辞是"绝对的空话"，同时明确提出："罗伯斯比尔和圣茹斯特所主张的自由、正义、美德只能是'人民'的生命表现，只能

① 中共中央马克思恩格斯列宁斯大林著作编译局编：《马克思恩格斯全集》第2卷，人民出版社1957年版，第152页。

② 中共中央马克思恩格斯列宁斯大林著作编译局编：《马克思恩格斯全集》第2卷，人民出版社1957年版，第104页。

是'人民大众'的特性。"[1]马克思的这一论断既是对青年黑格尔派"精神"与"群众"对立的错误观点的有力驳斥，也是对历史唯物主义关于人民群众是历史真正主体原理的形象阐述。与鲍威尔把群众视为精神的敌人的观点截然相反，马克思认为群众不仅是精神生产者，也应是精神占有者。在这里，马克思第一次提出了"精神生产"的概念，并将其视为社会生产的重要组成部分。马克思、恩格斯指出，精神生产领域和物质生产领域一样，在确定精神作品的规模、结构和布局时，需要考虑生产该产品所必需的时间。与此同时，针对青年黑格尔派的英雄史观，马克思强调了物质利益在历史发展中的重要作用。马克思和恩格斯指出随着物质生产的发展，人民群众必然会认识到自己的利益同少数统治者的利益相冲突，必然会自觉地参与到社会的历史活动中来。如此一来，人民群众是推动社会历史发展和进步的主要力量。

知识链接

★ 人民群众 ★

人民群众是社会历史的主体，是历史的创造者。人民群众是一个历史范畴。从质上看，人民群众是指一切对社会历史发展起推动作用的人们；从量上看，人民群众是指社会人口中的绝大多数。在不同的历史时期，人民群众有着不同的内容，在不同的历史时期，人民群众有着不同的内容，包含着不同的阶级、阶层和集团，但其中

① 中共中央马克思恩格斯列宁斯大林著作编译局编：《马克思恩格斯文集》第1卷，人民出版社2009年版，第322页。

最稳定的主体部分始终是从事物质资料生产的劳动群众。在当代中国，凡是拥护、参加和推动中国特色社会主义事业的人都属于人民群众的范畴。

（四）无产阶级的历史使命理论

在《神圣家族》中，马克思和恩格斯理清了“群众”和“精神”的关系，阐述了人民群众是历史创造者的基本原理，进而初步论证了无产阶级的历史使命学说。

关于无产阶级历史地位和作用的分析论证。马克思、恩格斯在论证人民群众是历史真正主体和创造者的同时，还特别强调了无产阶级在推动历史发展方面所起的伟大作用。马克思、恩格斯指出，“无产阶级能够而且必须自己解放自己。但是，如果它不消灭它本身的生活条件，它就不能解放自己。如果它不消灭集中表现在它本身处境中的现代社会的一切违反人性的生活条件，它就不能消灭它本身的生活条件”，“无产阶级由于其本身的存在必然在历史上有些什么作为。它的目的和它的历史任务已由它自己的生活状况以及现代资产阶级社会的整个结构最明显地无可辩驳地预示出来了”。[1]这也就是说，基于资本主义社会无产阶级所遭受的被压迫和被剥削的违反人性的恶劣生活条件，决定了这个阶级必然要把追求和获得自身的解放作为其根本目标和历史使命。然而，要想实现这个目标，就意味着它必须致力于消灭导致它这种处境的“违反人性的生活条件”。那么，如果不能解放全人类，也就

① 中共中央马克思恩格斯列宁斯大林著作编译局编：《马克思恩格斯全集》第2卷，人民出版社1957年版，第45页。

不能够最后解放自己。这也就直接表明，无产阶级的根本利益是与所有被剥削、被压迫的人们的利益是根本一致的。也正是这种根本利益的一致性，决定了无产阶级有能力把最广大人民群众吸引到自己身边，从而联合起来共同为推翻旧制度、旧世界而努力。正如恩格斯所言，无产阶级是产业革命最重要的产物，“他们是有自己的利益和原则、有自己世界观的独立的阶级，是和一切有产阶级相对立的阶级，同时也是国家力量所系并能推动国家向前发展的阶级”[①]。如此一来，无产阶级独一无二的历史地位也就昭示着无产阶级的解放运动具有更为深远的世界历史意义。这也就说明，无论是无产阶级对社会历史的推动，或者是对社会历史的创造，都是其他任何阶级所不可比拟的。

关于私有制的存在以及无产阶级的社会历史使命的分析。马克思、恩格斯首次用明确的语言表述了无产阶级“具有世界历史意义的作用”[②]。他们通过分析资本主义社会中无产阶级与富有阶级之间的矛盾运动，得出了“私有制在自己的经济运动中自己把自己推向灭亡”[③]的深刻结论。在这个问题上，马克思、恩格斯运用对立统一规律分析了资本主义社会固有的矛盾运动——无产阶级和资产阶级的斗争，分析这两个矛盾方面的相互排斥和相互制约的关系。马克思认为，无产

① 中共中央马克思恩格斯列宁斯大林著作编译局编：《马克思恩格斯全集》第2卷，人民出版社1957年版，第529页。

② 中共中央马克思恩格斯列宁斯大林著作编译局编：《马克思恩格斯全集》第2卷，人民出版社1957年版，第44页。

③ 中共中央马克思恩格斯列宁斯大林著作编译局编：《马克思恩格斯全集》第2卷，人民出版社1957年版，第44页。

阶级和私有制之间无形之中形成一对矛盾。而私有制的存在则以其对立面无产阶级的存在为前提条件。这也可以说成，无产阶级如果不消灭自己的对立面私有制，那么就不能消灭自身。尽管有产阶级和无产阶级同是人的自我异化，但是在这对矛盾中，“有产阶级在这种自我异化中则感到自己是被满足的和被巩固的，它把这种异化看做自身强大的证明，并在这种异化中获得人的生存的外观。而无产阶级在这种异化中则感到自己是被毁灭的，并在其中看到自己的无力和非人的生存的现实”[①]。而无产阶级之所以必然产生对这种异化状态的愤慨，“是由于它的人类本性和它那种公开地、断然地、全面地否定这种本性的生活状况相矛盾”[②]。然而，随着无产阶级的胜利，无产阶级本身以及制约着它的对立面私有制都会随之趋于消灭。那么在马克思看来，无产阶级之所以能够承担消灭私有制这个具有世界历史意义的重任，并不是因为“批判的批判”把无产者看作神，而是因为资本主义社会当中的“一切生活条件达到了违反人性的顶点”，“在已经形成的无产阶级身上实际上已完全丧失了一切合乎人性的东西，甚至完全丧失了合乎人性的外观”，因此，“如果它不消灭它本身的生活条件，它就不能解放自己。如果它不消灭集中表现在它本身处境中的现代社会的一切违反人性的生活条件，它就不能消灭

① 中共中央马克思恩格斯列宁斯大林著作编译局编:《马克思恩格斯全集》第2卷，人民出版社1957年版，第44页。

② 中共中央马克思恩格斯列宁斯大林著作编译局编:《马克思恩格斯全集》第2卷，人民出版社1957年版，第44页。

它本身的生活条件”[1]。所以，无产阶级必须消灭集中体现在自己身上的现代社会一切违反人性的生活条件，才能够真正实现自己解放自己。综上而言，无产阶级的社会地位和他们的革命性，既是由无产阶级的社会生活所决定的，也是由资本主义社会的反人道特征所决定的。

延伸阅读

（1）马克思、恩格斯：《神圣家族，或对批判的批判所做的批判》，《马克思恩格斯全集》第2卷，北京：人民出版社，1957年。

（2）刘秀萍：《思想的剥离与锻造：〈神圣家族〉文本释读》，北京：中国人民大学出版社，2018年。

深度思考

（1）马克思、恩格斯是以什么样的批判逻辑对青年黑格尔派的思辨唯心主义进行清算的？

（2）梳理出《神圣家族》中唯物史观的基本理论面貌。

（3）如何全面准确地把握《神圣家族》与《德意志意识形态》中的历史唯物主义？

① 中共中央马克思恩格斯列宁斯大林著作编译局编：《马克思恩格斯全集》第2卷，人民出版社1957年版，第45页。

Reading & Interpretation
大家写小书·马恩经典著作新读

第 三 章
理论意义和历史意义

《神圣家族》提出了许多具有历史唯物主义和辩证唯物主义色彩的观点，如在历史发展进程中起决定作用的是物质生产，而非自我意识；论证了人民群众在历史发展中的作用；批判私有制并阐明无产阶级的历史使命等，在马克思主义哲学史上乃至马克思主义发展史上占据极其重要的历史地位，具有深远的理论意义与历史意义。

一、理论意义

《神圣家族》这部著作是马克思、恩格斯与以鲍威尔为首的青年黑格尔派彻底决裂的标志，是马克思主义形成过程中的一部重要著作，是马克思、恩格斯的无产阶级世界观的理论基础，即辩证唯物主义和历史唯物主义确立过程中的一个重要里程碑，被视为马克思主义哲学形成和发展道路上的一个重要坐标点。列宁高度评价了这部著作：《神圣家族》"奠定了革命唯物主义的社会主义的基础"[①]。从论著所处时代背景来看，此时的马克思、恩格斯完成了思想上的"两个转变"，马克思在不同场合开始了政治批判、经济批判、社会批判，并逐步开始了哲学批判，呈现"四大批判"的融合。

（一）基本阐释了历史唯物主义的基本原理

《神圣家族》中，马克思、恩格斯初步阐述了唯物史观的重要思想，如提出思维和存在的问题，提出生产方式的概念以及物质生产是历史的发源地等重要论断，为马克思主义哲学的诞生奠定了基础。恩格斯晚年充分肯定《神圣家族》在唯物史

① 中共中央马克思恩格斯列宁斯大林著作编译局编译：《列宁选集》第1卷，人民出版社2012年版，第92页。

观形成中的历史价值："对抽象的人的崇拜，即费尔巴哈的新宗教的核心，必定由关于现实的人及其历史发展的科学来代替。这个超出费尔巴哈而进一步发展费尔巴哈观点的工作，是由马克思于1845年在《神圣家族》中开始的。"[①]

以鲍威尔为代表的青年黑格尔派继承了黑格尔哲学中的"绝对精神"概念，从这种思辨哲学推演开来，鲍威尔等人认为，人类社会历史的发展只不过是精神的运动的历史，历史的存在最后只为证明客观真理的存在，因此，从这个意义上来说，历史起源于人们的头脑，起源于人们的自我意识。故此，鲍威尔强调："人和历史所以存在，是为了使真理达到自我意识。"[②]马克思对此表示极度反对，他认为，人类社会历史发展的秘密应该从时代的生产方式中去寻找，历史真正发源地不在鲍威尔所认为的"天上的云雾中"，而是在"尘世的粗糙的物质生产中"[③]。马克思在批判布鲁诺·鲍威尔等人把自我意识当作历史发展动力的同时，提出了不是自我意识，而是社会物质资料的生产方式对社会历史发展起决定性作用的思想。在此基础上，马克思还接近于得出了这构成了生产关系这个概念。《神圣家族》中首次指出了物质生产是历史的发源地的重要思想，并明确提出了"生产方式"这一概念。这里实际上已经包含了生产力是历史发展的动力、物质生产在社会生活中

① 中共中央马克思恩格斯列宁斯大林著作编译局编：《马克思恩格斯选集》第4卷，人民出版社2012年版，第247页。

② 中共中央马克思恩格斯列宁斯大林著作编译局编：《马克思恩格斯全集》第2卷，人民出版社1957年版，第101页。

③ 中共中央马克思恩格斯列宁斯大林著作编译局编：《马克思恩格斯全集》第2卷，人民出版社1957年版，第191页。

起着决定作用这个历史唯物主义的基本论点。针对鲍威尔将“历史和自然科技和工业”相剥离的唯心史观，马克思特别强调了特定时期的直接生产方式是理解认识该时期历史的前提。这种对生产方式是历史发展的决定力量的理解，表明马克思已经掌握了理解各个历史时期的钥匙，这是马克思在唯物史观上一个历史性突破。沿着以生产方式作为唯物史观理论基石的方向出发，马克思取得了一系列重要成果。

《神圣家族》在马克思主义发展史上第一次论述了人民群众是历史创造者的原理，并揭示了社会的进步与人民群众在社会发展中的作用不断增强之间的相互联系这一客观规律。这一规律已经被历史发展所确证，被列宁称为是历史唯物主义最深刻、最重要的原理之一。在《神圣家族》中，马克思、恩格斯对鲍威尔为代表的青年黑格尔派片面理解和非法扩展黑格尔思辨主义哲学在历史领域中的运用表示了强烈不满。针对鲍威尔等人提出“只有根源于自我意识哲学的能动主体性才是决定性的历史创造者”的观点，造成“群众”和“历史”之间的实际对立，贬低人民群众在历史实践和发展过程中的作用，马克思、恩格斯在理论上坚决回应，指出：“历史上的活动和思想都是‘群众’的思想和活动。”[①]工人不仅创造了历史，还创造了历史中活动的人。马克思、恩格斯对人民群众在历史过程中的作用论述，开始展现历史唯物主义的光辉。

通过对法国大革命的分析，马克思驳斥了鲍威尔贬低群众在革命活动中起到反作用的观点，指出群众对革命漠不关

① 中共中央马克思恩格斯列宁斯大林著作编译局编：《马克思恩格斯全集》第2卷，人民出版社1957年版，第103页。

心的原因在于代表资产阶级利益的原则对于他们来说只是观念。终究来说，人民群众不仅是物质财富的生产者，还是精神财富的生产者。有学者从马克思对鲍威尔历史观的批判中得出这样的观点，认为“马克思在对鲍威尔等群众观点的分析批判中，已经涉及对经济基础与上层建筑之间关系的认识，开始从经济的发展状况出发来探索社会历史的客观规律，这个认识使得他初步形成了具有唯物史观性质的群众观念”[①]。通过对人民群众历史地位和作用的张扬，马克思批判了鲍威尔以自我意识为历史决定力量的反民主主义思想。研究马克思早期思想中的群众历史观，对于我们正确认识和对待群众在社会发展过程中的作用有着极其重要的理论和现实意义。

（二）初步形成了关于社会生产的有关理论

在对青年黑格尔派唯心史观的批判中，《神圣家族》阐述了历史发展与社会生产之间关系的观点，尽管还没有直接提出“生产关系”这一概念，但《神圣家族》的相关论述是这一概念形成的重要过程。马克思和恩格斯深入分析社会关系，已经接近了生产关系的概念，“仍用‘市民社会’的术语来概括现实的社会关系。但同时也可以看出，他们已力求把社会关系中的主要方面和次要方面区分开来，从人对物质生活资料的依赖关系，得出人们在社会物质生产过程中必然的相互关系”，完成了“形成生产关系概念的重要一步”[②]。

从思想发展的角度看，《神圣家族》延续了《1844年经济学

① 杨河、都岩：《对青年黑格尔派的批判与马克思群众观的奠基》，《马克思主义研究》，2014年第2期，第103页。

② 黄楠森：《马克思主义哲学史》，高等教育出版社1998年版，第40页。

哲学手稿》中分别论述异化劳动下的生产关系的本质和作为“自由的有意识的活动”的劳动下的生产关系的本质的逻辑和方法，并把这种逻辑和方法提到了更高的水平。马克思、恩格斯分别论述了私有制，特别是资本主义私有制下的生产关系的本质和社会主义生产关系的本质。列宁在1895年写的《马克思和恩格斯〈神圣家族〉一书摘要》中评论说，它表明马克思如何接近自己的整个“体系”（如果可以这样说的话）的基本思想——即如何接近生产的社会关系这个思想。在《神圣家族》之前，马克思没有把物质生活资料的生产作为历史的基础。在《博士论文》到《黑格尔法哲学批判》这一时期内，马克思基本上是把理性当作历史的基础；在《德法年鉴》时期，开始转向费尔巴哈，用人的本质的异化去说明国家、社会、宗教、哲学等，同时保留有理性主义观点；在《1844年经济学哲学手稿》中，马克思把改造对象世界的活动，即生产劳动作为人的本质，从人的本质也就是从这种生产劳动出发去说明历史。但是，正如前面已经分析过的，这种生产劳动是一种虚构的理想化的生产，还不是现实的物质生活资料的生产。真正认识到物质生产是历史的基础是在《神圣家族》中。

在对物质生产理论进行深入分析基础上，对“市民社会”研究也在进一步深化。较之于《黑格尔法哲学批判》时期，马克思在《神圣家族》中又进一步理清了市民社会与国家的关系，同时对“市民社会”在概念上作了重大的改造，赋予其更为接近唯物史观的内涵，这是马克思在《神圣家族》中所取得的最为重大的进展，因为这表明马克思实际上已经开始了走上最终通往“经济基础决定上层建筑”的唯物史观的第一步。《神圣家族》对“市民社会”的理解，已不再是其“作为整体同政治国家的分离、对立，而是强调市民社会中的资产阶级利益同国家的一致”[①]。这表明他们已经触及国家的阶级本质，正在向经济基础与上层建筑相互关系的历史唯物主义原理接近。由此可见，马克思对“国家和市民社会关系问题”的理解在逐步加深，解决了“市民社会”这一概念含糊不清的问题，并明确地看出“物质财富的生产”是决定性因素，这接近于得出生产关系即人们在生产过程中形成的社会关系这个概念。为制定有关经济基础和上层建筑的唯物主义学说奠定了基础。实际上，正是基于市民社会理论的核心突破，马克思对人类物质生产问题的理解才进一步接近唯物史观。

（三）详细阐发了人的本质理论的关键论点

关于人的本质理论，《神圣家族》完成了将思辨哲学家头脚倒置的认识路线颠倒过来，按照唯物主义的认识原则来认识人的本质的思路。马克思在早期受到费尔巴哈人本主义思想的影响，把人看成是抽象的人。但是，“从《神圣家族》开始，马克思不再抽象地谈论人，不再使现实的人去符合一般的人本质和永恒不变的人性，而是联系工业和经济状况了解不同时代的人，这是一个非常重要的转折”[②]。从物质生产的角度出发，“马克思以物作中介研究‘现实的人’，通过异化劳动阐明了人与物关系背后的人与人的关系，找到了问题本质”[③]。

---

① 黄楠森：《马克思主义哲学史》，高等教育出版社1998年版，第40页。

② 郝永平：《从异化劳动理论向唯物史观的过渡——读〈神圣家族〉》，《内蒙古大学学报（哲学社会科学版）》，1987年第2期，第60页。

③ 吴卫东、刘潜：《思想的逻辑与历史观中的历史性马克思〈神圣家族〉中新世界观的思想趋向》，《河南师范大学学报（哲学社会科学版）》，1997年第2期，第19页。

也就是说，马克思在这个时期已经把人放在现实生产过程中去理解，认识到人的本质是“现实生产过程中的人”，而不是抽象“自我意识”反映。

在《神圣家族》中，马克思对人的本质的理解是从对鲍威尔“自我意识”的批判中进行的，在这里，马克思对人的理解开始从费尔巴哈抽象的人向“现实的人”过渡。马克思认为，人的本质是受到人所生活的现实世界制约的，指出“历史不过是追求着自己目的的人的活动而已”[①]。马克思这时对人的本质的理解已经从抽象的人上升到生产关系领域，在马克思那里，人是现实存在的人，并且在不同的社会历史时期，由于经济社会发展状况不同，人的本质也存在差异。所以，对人的理解不能从人的自然需要出发，而是从社会需要出发，也只有在这种社会生产中理解人与人的关系，才能真正把握历史及其发展规律。

此时，马克思对人的认识已经完全不同于费尔巴哈了，马克思开始用物质生产和社会关系来说明人，以现实的社会的人来代替费尔巴哈的抽象的自然的人了。也就是从“现实的人”这个基础出发，马克思逐步地阐述了其唯物史观基本原理，最终建立了新哲学。在此基础上，将人的本质理论与逐步形成的科学实践观相结合，从“现实的、活生生的人”这一理论突破口和生长点，以物质生产和工人创造一切、生活本身的生产方式这些科学的表述代替了“人的本质力量的对象化”，以消灭私有制和阶级对立的准确术语代替了“人的类的属人的

① 中共中央马克思恩格斯列宁斯大林著作编译局编：《马克思恩格斯文集》第1卷，人民出版社2009年版，第295页。

活动”，更加科学地说明了实践的物质性和能动性，指出了人的自我异化被扬弃的根本途径——阶级对立和私有制被消灭，从而阐明了创造历史的人主动的物质性实践活动的主要形式，使人的社会实践的观点扬弃了抽象性，成为科学的具有物质性、能动性，又能够为人们所感知的、所接受的真正推动人类社会历史发展的物质动力的观点。因而实际上，科学的实践观，“实践的唯物主义”已经呼之欲出了。

因此，马克思、恩格斯在《神圣家族》中已经明确地转向论述资产阶级和无产阶级的阶级对立，转向研究作为“否定方面”的产生、“消灭对立的行动”、“消灭私有制”、“消灭本身的生活条件”和“解放自己”，以及“必然在历史上有些作为”的无产阶级，已经转向物质生产是历史的发源地和创造历史、实现思想的现实的、活生生的人了。

（四）极大丰富了共产主义理论核心观点

《神圣家族》作为一本哲学著作，同样蕴含了丰富的共产主义理论。针对鲍威尔敌视群众、敌视无产阶级的观点，《神圣家族》明确表达了无产阶级的历史地位、历史使命、革命途径及条件等观点。无产阶级所处的客观历史地位，使它必定要认识和实现自己的历史使命，由此生发出无产阶级推动共产主义运动的历史逻辑。

根据马克思在《神圣家族》中表达的观点，无产阶级是推动历史进步的主体，资产者和无产者之间的对立必然使广大人民群众团结到反对资产阶级的运动中来，无产阶级不仅有解放自身的需要，还担负着解放整个世界的崇高使命。为了批判鲍威尔等人敌视无产阶级的错误思想，马克思依据他在

《德法年鉴》时期所提出的论点，运用自己在唯物史观方面所取得的成果，精辟地论述了无产阶级的伟大历史使命：无产阶级必须也能够自己解放自己，无产阶级的解放也即整个社会的普遍解放。随着工人阶级成为创造历史的主导阶级，无产阶级革命必然成为人民群众争取利益的主要途径。马克思同时强调，无产阶级借以解放的条件和资产阶级解放的社会条件是根本不同的，无产阶级的解放除了需要物质手段支撑之外，还需要无产阶级革命原则的指引。此外，马克思在《神圣家族》中阐发了"工人才创造一切"的思想、"历史活动是群众的事业的思想"、"无产阶级能够而且必须自己解放自己的思想"；阐发群众史观的思想、理论，都是对无产阶级的历史作用思想的重要阐述。

在此基础上，《神圣家族》集中论述了资本主义制度灭亡的客观必然性，只有从私有制导致的阶级对立现实出发，"无产阶级作为无产阶级，不得不消灭自身，因而也不得不消灭制约着它而使它成为无产阶级的那个对立面——私有财产"，[①] 无产阶级才能解放自身的观点。马克思已经明确指出共产主义运动是消灭私有制和消灭阶级对立的运动，在这个运动中，无产阶级不得不消灭自身，也就不得不消灭同自身相对立的私有制，无产阶级推动历史进步的革命作用被凸显出来了。可见，马克思不但已经提出历史发展客观规律性的思想，而且也指出了作为先进社会力量的无产阶级的主观能动性的作用。

---

① 中共中央马克思恩格斯列宁斯大林著作编译局编：《马克思恩格斯文集》第1卷，人民出版社2009年版，第260页。

知识链接

★ 生产关系 ★

生产关系的内容包括生产资料的占有关系、人们在生产中的地位及其相互关系、产品的分配关系这三个方面的内容。生产关系乃是人们进行生产劳动的社会性结合方式。而具体的生产关系，就是人们组成一定的生产组织的同时，又在一定的生产组织的范围内相互结成的经济关系。也正是在一定的生产组织中，人们的相互关系才包括了生产资料的占有关系、人们的地位和相互关系以及产品分配关系。一个社会中多数生产组织的生产关系，就决定了这个社会的生产关系的性质和基本状况。比如，在资本主义社会中，多数生产组织都是大企业，在这些企业内部都是资本家占有生产资料、雇佣工人劳动，这就决定了资本主义社会生产关系的性质和基本状况。

二、历史意义

马克思、恩格斯在《神圣家族》中与时俱进，沿着之前理论的生成路径继续探索，在实践和理论双重逻辑演进的基础上，极大丰富了唯物史观乃至马克思主义的理论内涵。作为马克思、恩格斯首次合著的著作，体现了两位巨人思想转变、契合的历史轨迹，不仅在马克思主义哲学史上具有承上启下的关键作用，在整个哲学史发展中凸显了唯物主义理论发展的关键性阶段，同时全方位奠定了马克思主义的理论基础，具有重要的开创性和启示性意义。

（一）在马克思主义哲学史具有承前启后的关键作用

《神圣家族》是一部介于《1844年经济学哲学手稿》和《德意志意识形态》之间的重要著作，是《1844年经济学哲学手稿》到《关于费尔巴哈的提纲》和《德意志意识形态》的联系环节，它的思想水平处于由异化劳动理论向唯物史观过渡的状态，在马克思主义哲学形成过程中起着承前启后的作用，是唯物史观形成过程中的重要著作。马克思、恩格斯在《神圣家族》中多方面初步地阐述了唯物史观的基本内容，如物质生产在历史发展进程中起决定作用，人民群众是历史的真正创造者，等等，这在理论上是一个重要突破，在马克思主义唯物史观的发展过程中具有极其重要的价值。但是，当时并没有最终确立唯物史观。马克思、恩格斯当时在论证上还有局限性，还没有完全摆脱费尔巴哈人本主义思想的影响。《神圣家族》为马克思第一个伟大发现——唯物史观奠定了重要的思想基础，在马克思主义发展史上占有重要地位。经过《关于费尔巴哈的提纲》《德意志意识形态》这一系列的理论探索，马克思、恩格斯彻底摆脱费尔巴哈的影响，最终确立了唯物史观。如果说，在此之前的《1844年经济学哲学手稿》用以解答历史之谜的是异化劳动理论，在此之后的《德意志意识形态》标志着唯物史观的形成，那么，处于两者之间的《神圣家族》则是由异化劳动理论到唯物史观的过渡。因此，《神圣家族》是马克思和恩格斯完成从唯心主义向唯物主义、从革命民主主义向共产主义的转变后，批判青年黑格尔派自我意识的唯心主义哲学，揭露黑格尔思辨哲学的秘密，为社会主义奠定唯物主义基础的重要著作。

（二）在唯物主义发展史上具有转折性意义

在《神圣家族》中，马克思对唯物主义史、特别是18世纪法国唯物主义史进行了梳理，这项工作的进行为马克思寻找社会主义、共产主义现实的哲学基础提供了理论养分。马克思认真研究西欧哲学史，特别是18世纪的法国唯物主义，目的是为了考察共产主义的逻辑基础。通过历史分析方法的运用，马克思指出了许多社会主义者观点和唯物主义之间的联系，并表达了自己的看法，那就是社会主义无论是作为理论还是实践，只有通过唯物主义才能说明。基于以上逻辑，马克思通过法国唯物主义与黑格尔及其门徒的思辨哲学的比较，认识到只有从经验事实出发，"只有沿着唯物主义和社会主义学说的方向发展，把唯物主义和社会主义学说继续推向前进，才能够揭示出社会的根本矛盾及其必然发展趋势，才能够找到通向人类解放的现实道路"[①]。马克思对唯物主义史的梳理，只是其社会主义理论批判和理论建构的基础性、前提性工作，最终目的还是在阐明唯物主义的特点及其与社会主义的关系。因为在马克思、恩格斯看来，法国唯物主义强调外部环境对人产生的影响，这种追求变革的社会因素必然要导向社会主义，也就自然成为社会主义理论的哲学基础。通过对文本结构的梳理，可以看出清晰的内在生成逻辑，从对法国"社会主义的代表"蒲鲁东的批判到对法国唯物主义史的梳理，都体现着马克思对黑格尔思辨主义哲学批判路径的探析，进而完成能在德国生长和发展的社会主义的理论构建。马克思、恩格斯哲

① 李淑梅、陶红茹：《经验和超验：两种哲学进路社会政治旨趣的差异——对<神圣家族>的解读》，《山东社会科学》，2013年第2期，第32页。

学的批判与建构，目的在于阐明唯物主义的特点及其与社会主义的关系。马克思、恩格斯强调法国唯物主义的社会因素必然导向社会主义的观点，对社会主义作出了一种有别于空想社会主义的不同的论证，构成马克思主义社会主义学说史的一个非常重要的环节与阶段。

（三）在马克思主义发展史上具有阶段性突破意义

虽说《神圣家族》作为一部哲学著作成为学界的基本共识，但是并不代表纯然是哲学的批判与建构，其中蕴含了诸多政治经济学、科学社会主义的基本思想，呈现哲学批判、经济批判和社会批判“三大批判”的初步融合。《神圣家族》是马克思、恩格斯前进路上的一个极为重要的中继站，“在这里，他们的辩证唯物主义和历史唯物主义世界观得到了一定的发挥，把唯物主义扩大到社会生活和历史生活的广泛领域，第一次试图用物质实践的观点来解释历史发展观点的产生，在哲学、政治经济学和科学社会主义方面给以唯物主义以说明”[①]。

从哲学方面看，从思想承续的关系看，《神圣家族》是马克思了解他们与青年黑格尔派之间复杂的思想关系的重要环节，从思想建构的角度讲，《神圣家族》不能单纯被视为只是一部论战性的作品，而应当同时被看作是马克思建构其新哲学架构的开始。从对于马克思主义的长远影响看，《神圣家族》涉及并提出的一系列问题具有永恒的探究价值。诸如本文所概括的对“思辨结构的秘密”的揭示、异化问题的探究、唯物主义史的梳理和对社会主义(和共产主义)的论证等，是马克思一

① 葛锡有、靳辉明：《马克思主义诞生史》，吉林人民出版社1986年版，第232页。

生理论创作的主题。从政治经济学角度看，马克思和恩格斯在解释无产阶级在资本主义社会中的地位和作用时还用辩证法分析了资产阶级和无产阶级彼此对立又相互制约的运动，论述了资本主义制度灭亡的客观必然性。马克思在《神圣家族》中明确了私有制的消灭是国民经济的合乎规律的过程，这个过程的发展是不取决于，而且违反私有者的意志的，这仅仅因为私有制生产出了作为无产阶级的无产阶级。因此，“无产阶级和富有是两个对立面。它们本身构成一个统一的整体。它们二者都是由私有制产生的”[①]。从科学社会主义的角度看，马克思和恩格斯高度肯定无产阶级的历史使命，称赞无产阶级的历史作用。在列宁看来，《神圣家族》是一部包括“马克思的几乎已经形成了的对于无产阶级革命作用的观点”[②]的著作。《马克思恩格斯全集》英文版第4卷说明中也指出：“《神圣家族》阐明无产阶级作为注定要进行未来社会主义革命的力量而应担负的历史使命……强调无产阶级阶级斗争的全人类意义以及真正的人道主义内涵。”“《神圣家族》第一次表述了马克思主义关于无产阶级在反对资本主义的革命运动和解放运动中的主导作用的基本思想。”[③]马克思在《神圣家族》中第一次表述了工人阶级的历史使命由社会经济条件所制约的思想，指出资本主义社会是在私有制和无产阶级这两种力量经常对抗的范围内发展的，提出无产阶级由于它自己所处的

---

① 中共中央马克思恩格斯列宁斯大林著作编译局编：《马克思恩格斯全集》第2卷，人民出版社1957年版，第43页。

② 中共中央马克思恩格斯列宁斯大林著作编译局编译：《列宁全集》第55卷，人民出版社2017年版，第9页。

③ 杨金海：《马克思主义研究资料.第12卷》，中央编译出版社2015年，第4页。

客观状况而负有摧毁资本主义社会的使命。尤其是,马克思在论述无产阶级历史使命时首次将先进阶级的利益和广大劳动群众的利益融合起来,在此意义上具有全人类利益的性质。因此,从马克思主义的三个组成部分角度而言,虽然有其历史阶段局限性,但仍然不能掩盖《神圣家族》在马克思主义科学体系构建中的开创性意义,其为之后马克思主义整个宏观理论大厦的发展和完善奠定了坚实基础。

《神圣家族》作为马克思主义唯物史观形成过程中的经典之作,是研究和学习马克思主义理论方法和精神实质的重要著作。著作中所包含的一系列基本原理和基本观点至今仍是研究马克思主义理论发展尤其是哲学史发展的重要指导,对当下中国特色哲学社会科学具有普遍的示范意义和借鉴意义,其深邃的理论价值、学术价值、实践价值对当下中国特色社会主义现代化建设也大有裨益。

延伸阅读

(1)[英]戴维·麦克莱伦:《马克思传》,北京:中国人民大学出版社,2010年10月。

(2)萧灼基:《恩格斯传》,北京:中国社会科学出版社,2008年5月。

(3)王强:《马克思的思想轨迹——文本导读的视角》,北京:人民出版社,2019年8月。

深度思考

（1）请你谈谈《神圣家族》在唯物史观形成中的重要作用和历史地位。

（2）请你简述一下《神圣家族》中的社会生产理论。

（3）请你谈谈《神圣家族》在马克思主义发展史上的地位和作用。

第四章
现实意义

从历史上看，《神圣家族》这部论战性著作推动了历史唯物主义创立的进程，在马克思主义发展史上具有重要的地位。然而，对于经典的阅读，尤为重要的一点就是要聚焦现实，让经典穿越时空来到当代，也就是要结合当下语境以及时代问题，将文本与现实生活结合在一起，挖掘出文本更丰满的意义和更立体的价值，对于《神圣家族》的解读自然也应该如此。《神圣家族》中的许多重要观点时至今日仍然散发着真理的光芒，站在新时代的历史坐标上，重读《神圣家族》具有极其重要的现实意义。

一、推动社会主义现代化建设

布鲁诺·鲍威尔一伙坚持思辨唯心主义哲学，大肆宣扬“自我意识”，而且将这种“自我意识”看作是社会发展的根本动力。马克思、恩格斯对此予以坚决批驳，揭示出思辨唯心主义的实质，指出“自我意识”不过是黑格尔思辨哲学的漫画式的完成。而马克思和恩格斯则强调客观世界的实在性，指出物质生产在人类社会中的重要作用，为新时代背景下推动社会主义现代化建设提供了理论遵循和实践指导。

（一）立足当代中国实践谋发展

从唯心主义的“自我意识”出发还是从唯物主义的客观存在出发认识历史是《神圣家族》中马克思和恩格斯与布鲁诺等人论战的焦点之一。马克思和恩格斯毫不留情地批判了青年黑格尔派的思辨唯心主义，运用“果实”的例子揭开了思辨唯心主义的秘密，分析了思辨唯心主义错误的思想根源。思辨唯心主义的逻辑通常是把概念独立化和实体化，使概念成为客观事物的创造者,而客观事物则成了存在形式,其错误就在于颠倒了概念和现实之间的关系。马克思和恩格斯自觉地意识到在“精神”之外存在着不以人的“自我意识”为转移的客观世界,“精神”只不过是从客观世界中抽象出来的。这表明,马克思主义的科学的实践观正在逐步形成,这也为解决当代中国的发展问题提供了哲学层面上的正确的世界观和方法论。不能否认的是,经过多年的接续奋斗,改革开放和社会主义现代化建设的历史性成就已然令人震撼。然而,我国作为发展中国家的国际地位没有变,正处于并将长期处于社会主义初级阶段的特征也没有变,发展不平衡不充分的问题尚未解决,民生方面缩小收入分配差距和社会保障体系的完善程度还未达到人民群众的期待,美丽的生态环境建设还需要继续努力,国家治理体系和治理能力亟待完善提高,所有这些现实问题既是当代中国发展的短板,也应该成为促进当代中国发展的基点。中国通往现代化的道路是一条与西方国家现代化完全不同的道路,事实充分证明,这条道路是无比正确的,因为这条道路是根据中国的实际情况量身定制的。“空谈误国,实干兴邦”,现代化建设的蓝图已经绘就,剩下的便是要脚踏实地地朝着社会主义现代化建设的目标迈进,而要达到这个目标任何时候都不能忘却立足中国实践,聚焦中国问题,这是思考一切问题的出发点。

(二)促进经济持续健康发展

在《神圣家族》当中,马克思和恩格斯对唯物主义的基本理论有了初步的认识。此时,马克思和恩格斯已经意识到物质生产在社会历史发展进程中的重要作用,旗帜鲜明地指出历史的产生不在于布鲁诺等人主张的“自我意识”之中，而恰恰是产生于他们所贬低到尘埃里的“粗糙的物质生产中”。纵览历史全局，思想观念不能决定历史的发展，真正决定历史发展的是物质生产，物质生产是人类社会得以存在的前提条件，物质生产的发展始终是推动社会变革的根本力量。改革开放以来，中国共产党始终坚持以经济建设为中心，创造了举世瞩目的经济奇迹，人民群众的生活水平也有了显著提高。但是，当今世界的经济局势扑朔迷离，风险点和动荡点仍然很多，同时国内的全面深化改革进入攻坚期和深水期，经济建设中还面临着内生动力不足和下行压力加大的处境。“只有推动经济持续健康发展，才能筑牢国家繁荣富强、人民幸福安康、社会和谐稳定的物质基础。”①为此，必须推动经济持续健康发展，满足人民群众基本的物质生活需求，为国家的繁荣和社会的稳定打下更加坚实的物质基础。具体来说，就是要适应把握引领经济发展新常态，以供给侧结构改革为主线，转变经济发展方式，优化经济发展结构，转换经济增长动力，推动经济更有效率、更有质量、更加公平、更可持续地发展，不断提高我国的经济实力和综合国力。

二、坚持以人民为中心

布鲁诺·鲍威尔及其追随者们坚持唯心史观，认为历史是由像他那样的批判哲学家所拥有的批判精神所创造的，蔑视

① 胡锦涛：《坚定不移沿着中国特色社会主义道路前进　为全面建成小康社会而奋斗——在中国共产党第十八次全国代表大会上的报告》，《人民日报》2012年11月18日，第1版。

广大人民群众的历史活动，勾画出“精神”和“群众”势不两立的局面，结果是“精神”的作用被无限夸大，“群众”则被贬低为肤浅的群氓。在《神圣家族》中，马克思和恩格斯批判了布鲁诺·鲍威尔等人的个人英雄史观，集中论述了马克思主义的群众史观。习近平新时代中国特色社会主义思想中的“人民中心论”是对马克思和恩格斯群众史观的原则性坚持，对于新时代背景下坚持以人民为中心的发展思想具有重要的指导意义。

（一）尊重人民群众的主体地位

对于究竟谁创造历史的问题，青年黑格尔派一贯坚持只有“精神”才是社会历史中的“英雄”，这里的“精神”就是他们所主张的普遍的“自我意识”。他们甚至将自己与普遍的“自我意识”等同起来奉为神物，认为创造历史的英雄正是他们这些批判哲学家。而“精神”的对立面就是在历史进程中发挥消极作用的“群众”，这里的“群众”是抽象概念的集合，只不过是作为批判的素材，为凸显出“精神”的崇高性而存在。相反，马克思和恩格斯从物质生产决定社会历史的立场出发，确立起人民群众在历史活动中的主体地位。他们鞭辟入里地指出，**“历史活动是群众的事业，随着历史活动的深入，必将是群众队伍的扩大”**①，回击了青年黑格尔派的唯心主义英雄史观，阐释了人民群众的历史创造作用。杰出人物在历史进程中也起到一定的作用，但归根结底不是决定历史走向的因素。历史唯物主义认为，人民群众才是历史的真正创造者，既是物质财

---

① 中共中央马克思恩格斯列宁斯大林著作编译局编：《马克思恩格斯全集》第2卷，人民出版社1957年版，第104页。

富的创造者，也是精神财富的创造者，同时还是社会变革的决定性力量。从我国发展的实际情况来看，中国特色社会主义事业所取得的一切成就无一不是人民群众共建共享的结果。很多改革措施都是人民群众鼓足勇气推动的，如安徽凤阳“小岗村”的“大包干”以及浙江温州企业的崛起，都是人民群众创造力迸发的结果。人民群众的创造伟力始终是现代化建设不竭的力量之源，如若没有人民群众的参与和支持，一切理想都只能化作泡影。新时代背景下，伟大复兴中国梦的实现还有很长的一段路要走，在奋斗的征途上自然不能忽视人民群众的主体地位和首创精神，要鼓励人民群众解放思想积极探索，调动起人民群众干事创业的热情，充分发挥人民群众的积极性、主动性、创造性汇聚起人民群众的磅礴力量，依靠人民群众创造历史伟业。

（二）满足人民群众的美好生活需要

马克思指出，“历史不过是追求着自己的目的的人的活动而已”[①]，人们总是根据自身的诉求去改造外部世界，这种对外部世界的改造活动就是历史的创造过程。一种历史活动之所以能够激发人们参与的积极性就在于这种思想代表了人们的利益诉求，这一活动越能代表人们的利益诉求，人们为之呼喊的热情就越高涨。对此，马克思和恩格斯指出，“‘思想’一旦离开‘利益’，就一定会使自己出丑”[②]，他们还以法国大革命为

① 中共中央马克思恩格斯列宁斯大林著作编译局编：《马克思恩格斯全集》第2卷，人民出版社1957年版，第118—119页。

② 中共中央马克思恩格斯列宁斯大林著作编译局编：《马克思恩格斯全集》第2卷，人民出版社1957年版，第103页。

例分析了利益的巨大作用。从这一意义上说，决定历史的从来不是批判精神，而是人民群众的物质利益。客观来讲，随着改革开放的推进，我国跃升为世界第二大经济体，人民群众在这场历史洪流中体会深刻，获得感、幸福感和安全感都有了显著提升。然而，全面深化改革的进程到了攻坚期和深水期，在人民群众的利益诉求满足方面还存在着不平衡和不充分的矛盾。中国共产党一刻也不能忘却“为人民谋幸福”的初心和使命，中国特色社会主义事业要进一步发展，需要始终坚持将人民群众对美好生活的需求作为我们的奋斗目标。人民群众对美好生活的需求不外乎是期盼更丰厚的物质基础，更民主的政治环境，更繁荣的文化事业，更坚强的社会保障以及更美丽的生活环境，所有这些方面都是新时代党的治国理政的进击路向。要将人民群众的利益诉求放在第一位，急群众之所急，想群众之所想，切实解决人民群众最关心的问题，让人民群众得到实实在在的好处。在政策制定方面，要善于倾听人民群众的声音，坚持问政于民，问需于民。在兼顾人民群众具体需求的同时，也要注意推动社会的公平正义，让发展成果更多更公平地惠及人民群众。

知识链接 ……………………………………………………

★ 美好生活需要 ★

习近平总书记在党的十九大报告中指出，“中国特色社会主义进入新时代，我国社会主要矛盾已经转化为人民日益增长的美好生活需要和不平衡不充分的发展之间的矛盾”。人民的美好生活需要是伴随着社会主要矛盾的变化出场的概念，代替了之前的“物质文化需要”。人民的美好生活需要日益广泛，不仅对物质文化生活提出了更多要求，而且在民主、法治、公平、正义、安全、环境等方面的要求日益增长。

（三）保持党同人民群众的密切联系

“政党是代表一定阶级或阶层的利益，为取得和巩固国家政权而活动的政治组织。”[①]政党政治是人类社会重要的政治现象，执政党更是充当着政治生活的主体。中国共产党以全心全意为人民服务作为政党的宗旨，自成立以来，就深刻认识到人民群众的重要作用，代表最广大人民群众的根本利益，植根人民群众之中，时刻团结和紧紧依靠人民群众。一方面，中国共产党是人民群众的主心骨，人民群众的主体作用以及切身利益诉求的实现都要在党的领导前提下实现。另一方面，人民群众是中国共产党坚实的执政基础，在革命、建设和改革任何一个历史时期，人民群众都不曾缺席。在人民群众的拥护和支持下，党取得了革命的胜利并建立起新生的人民政权。在解放战争中，人民群众不惜一切也要为战役胜利提供全力支持，陈毅说，“淮海战役的胜利是人民群众用小推车推出来的胜利”。中华人民共和国成立以来，社会主义现代化建设的大潮中也少不了人民群众的身影。应该说，中国特色社会主义事业所取得的一切成就归根结底是人民群众在中国共产党的领导下创造出来的。群众路线是我们党的生命线和根

① 王韶兴：《政党政治论》，山东人民出版社2011年版，第43页。

本工作路线。对于执政的中国共产党而言，能否充分代表最广大人民群众的根本利益是衡量党的执政理念是否正确和执政绩效高低与否的重要标准。站在新时代的历史坐标上，要将人民群众作为工作的出发点和落脚点，坚持一切为了人民群众，一切依靠人民群众，从群众中来，到群众中去，保持党同人民群众的密切联系。

三、坚持和发展中国特色社会主义

中国特色社会主义是科学社会主义在中国大地上传承创新所形成的新样态，坚持和发展中国特色社会主义是对科学社会主义原则的坚守。《神圣家族》中蕴含着丰富的科学社会主义思想，架构起科学社会主义的基本框架，包括资本主义私有制必然导致其自身的灭亡以及无产阶级是实现人类解放的重要力量等，这些关于科学社会主义的基本思想仍然是夺取共产主义胜利的思想武器，能够为新时代中国特色社会主义的发展提供理论指导，为坚定共产主义必胜的信念提供有力的支撑。

（一）牢固树立“四个自信”

在人类社会的发展趋势问题上，马克思和恩格斯始终坚持“资本主义必然灭亡和共产主义必然胜利”，这是基于在对资本主义的固有矛盾客观分析的基础上所得出的结论。《神圣家族》中也对这个基本趋势进行了阐释，马克思、恩格斯指出，“把私有制关系当做合乎人性的和合理的关系的政治经济学，不断地和自己的基本前提——私有制——发生矛盾”[1]。马克思和恩格斯在这里指出资本主义私有制必然导向自身的灭亡，作为资产阶级掘墓人的无产阶级必将取得最终的胜利，坚定了无产阶级实现共产主义的信念。社会主义是共产主义的初级阶段，是共产主义在现阶段社会中的存在形式，社会主义与资本主义并存是当今世界发展的现实。客观来讲，资本主义仍然显示出了一定的生命力，但是，社会主义在经历了苏东剧变之后也在低潮中奋起，尤其是中国特色社会主义成为社会主义最成功的案例，“两个必然”仍然是人类社会发展颠扑不灭的客观规律。党的十九大报告指出，“中国特色社会主义进入新时代，意味着科学社会主义在二十一世纪的中国焕发出强大生机活力，在世界上高高举起了中国特色社会主义伟大旗帜”[2]。中国特色社会主义是改革开放以来党和国家全部实践的主题，包括中国特色社会主义道路、理论、制度以及文化等各个方面。中国共产党带领人民所创造的中国特色社会主义是符合人类社发展规律的社会形态，增强了我国的综合国力，提高了我国的国际地位，迎来了中华民族伟大复兴的光明前景，同时也为发展中国家实现现代化提供了中国方案。历史充分显示出中国特色社会主义的优越性，为此，必须牢固树立“四个自信”，坚定不移地将中国特色社会主义推向前进。

---

① 中共中央马克思恩格斯列宁斯大林著作编译局编：《马克思恩格斯全集》第2卷，人民出版社1957年版，第39页。

② 习近平：《决胜全面建成小康社会夺取新时代中国特色社会主义伟大胜利——在中国共产党第十九次全国代表大会上的报告》，人民出版社2017年版，第9页。

（二）为人类求解放

“马克思主义博大精深，归根到底就是一句话，为人类求解放。”[①]从《神圣家族》开始，人类实现解放的思想体系就开始一步一步建立起来。在《神圣家族》中，马克思和恩格斯通过分析资产阶级和无产阶级的对立统一，强调了无产阶级在推动历史发展中的重要作用，从无产阶级在资本主义社会中所处的受压迫和被剥削的违反人性的恶劣境遇出发来论证无产阶级必然要承担起解放人类的历史使命。同时，无产阶级同所有被压迫和剥削的人民的利益是根本一致的，所以这个阶级有能力将最广泛的群众吸引到身边，共同为推翻旧世界而努力。对此，马克思指出，“无产阶级能够而且必须自己解放自己”[②]。马克思和恩格斯在《共产党宣言》中指出，共产党是无产阶级的政党，是无产阶级利益的代表者，共产党人的最终目的就是要消灭一切剥削制度，建立起共产主义社会，使每个人都能得到自由全面的发展。在新时代，就国内而言，中国共产党应该带领人民克服发展不平衡和不充分的社会矛盾，始终站在人民的立场上致力于满足人民对美好生活的向往，不断实现人民的自由解放；就国际而言，中国共产党要坚持马克思主义指导思想，不断彰显中国特色社会主义制度的显著优势，在与资本主义国家的较量中争取更多的国际话语权，积极推动人类命运共同体建设，为“中国方案”赢得更多的共识，朝

① 习近平：《在纪念马克思诞辰200周年大会上的讲话》，人民出版社2018年版，第8页。

② 中共中央马克思恩格斯列宁斯大林著作编译局编：《马克思恩格斯全集》第2卷，人民出版社1957年版，第45页。

着建立一个没有压迫、没有剥削、人人平等、人人自由的理想社会逐步迈进。

四、增强社会主义意识形态的凝聚力和引领力

《神圣家族》中虽然没有明确提出意识形态这一概念，但是频繁提到了“意识”“精神”以及“观念”等。作为马克思和恩格斯与资产阶级意识形态进行论战的重要成果，《神圣家族》具有关照社会主义意识形态建设的新时代意义。当今世界正处于百年未有之大变局，两种意识形态的较量仍在继续，面对敌对势力的渗透和瓦解，必须保持高度清醒的意识和绝对警惕的状态。党中央对此有着清晰的认知，高度重视意识形态建设问题，指出“意识形态工作是党的一项极端重要的工作”①。至于如何能够做好新时代的意识形态工作，增强社会主义意识形态的凝聚力和引领力，《神圣家族》中的一些理论或许具有借鉴意义。

（一）彰显社会主义意识形态的真理性

资本主义意识形态具有“去唯物”的倾向，马克思和恩格斯在《神圣家族》中对资产阶级的意识形态进行了鞭辟入里的分析，揭露出资产阶级意识形态的唯心性。意识形态领域从来都是纷繁复杂的，资产阶级意识形态的唯心性在当前社会以历史虚无主义、利己主义以及享乐主义的形式表现出来。随着经济全球化、文化多元化、网络信息化进程的推进，意识形态传播的边界愈发不明显，资产阶级以各种隐蔽的方式将

---

① 习近平：《胸怀大局把握大势着眼大事 努力把宣传思想工作做得更好》，《人民日报》2013年8月21日，第1版。

其意识形态传输到我国，致使我国的意识形态领域呈现出多种社会思潮激荡的局面。资本主义唯心性的社会思潮增强了意识形态风险爆发的可能性，对我国的意识形态安全工作提出了更高的要求。马克思主义以其真理性和道义性不断推动着中国这个古老的东方大国的发展，指引中国走上了民族复兴的康庄大道，对于这一思想的坚持是举旗定向的问题，任何时候都不能动摇。为此，一方面，坚持马克思主义在意识形态领域的指导地位，加强对马克思主义的理论学习、理论研究、理论宣传以及理论阐释，从正面彰显出社会主义意识形态的真理性，使马克思主义意识形态"飞入寻常百姓家"；另一方面，必须坚持马克思主义的批判精神，旗帜鲜明地站在斗争的最前沿，同西方各种错误思潮进行斗争，揭示出西方错误思潮本质上的唯心性，从反方面凸显出社会主义意识形态的真理性。

（二）体现社会主义意识形态的现实性

马克思和恩格斯在《神圣家族》中论述了关于物质利益与精神思想辩证统一的关系，为加强社会主义意识形态的凝聚力和引领力提供了借鉴意义，要求体现出社会主义意识形态的现实性。社会主义意识形态的现实性之一是指社会主义意识形态是社会主义物质关系的反映。"**占统治地位的思想不过是占统治地位的物质关系在观念上的表现**"[①]，只有消灭资本主义占统治地位的物质关系，才能从根本上消灭占统治地位的意识形态。社会主义意识形态是否现实性同样取决于意识形态背后的物质关系，因而，要巩固中国特色社会主义经济基

① 中共中央马克思恩格斯列宁斯大林著作编译局编：《马克思恩格斯选集》第1卷，人民出版社2012年版，第178页。

础，为社会主义意识形态建设提供更加坚强的保障。社会主义意识形态的现实性之二是指社会主义意识形态的利益代表性。意识形态具有极强的阶级性，是某一阶级利益的代表。社会主义意识形态是否具有现实性同样要看隐藏在背后的利益关系。“理论在一个国家实现的程度，总是取决于理论满足这个国家的需要的程度。”[①]增强社会主义意识形态的现实性要求与时俱进地不断推动马克思主义中国化、时代化和大众化，关照时代发展和实践要求进行社会主义意识形态建设，从理论层面对人民群众最关心最直接最现实的利益问题作出解答。

（三）加强社会主义意识形态教育

马克思和恩格斯指出，“思想根本不能实现什么东西。为了实现思想，就要有使用实践力量的人”[②]。理论绝不仅是束之高阁的文本，“理论一经掌握群众，也会变成物质力量”[③]，理论产生的最重要的使命就在于为人们提供批判的精神武器，指导人们改造世界。社会主义意识形态凝聚力和引领力的增强关键在赢得人民群众更加广泛和更深层次的认同，内化为人民群众的思想指引，外化为人民群众的行动指南。为了使人民群众成为“使用实践力量的人”，就要不遗余力地进行社会主义意识形态教育。习近平新时代中国特色社会主义思想

① 中共中央马克思恩格斯列宁斯大林著作编译局编：《马克思恩格斯选集》第1卷，人民出版社2012年版，第11页。

② 中共中央马克思恩格斯列宁斯大林著作编译局编：《马克思恩格斯全集》第2卷，人民出版社1957年版，第152页。

③ 中共中央马克思恩格斯列宁斯大林著作编译局编：《马克思恩格斯选集》第1卷，人民出版社2012年版，第9页。

是马克思主义中国化的最新成果，加强社会主义意识形态教育说到底就是要用这一党的创新理论武装全党和教育人民，推动习近平新时代中国特色社会主义思想落地生根，巩固全党全国人民共同奋斗的思想基础。在这个过程中，要加强党对意识形态建设工作的领导，将意识形态的领导权和话语权牢牢掌握在手中，同时，壮大主流思想舆论，坚持正面宣传的原则，涵养理性平和的社会心态。思想问题具有一定的顽固性和反复性，为此，社会主义意识形态教育也应该趋向于常态化，要通过一整套制度体系将社会主义意识形态教育的规程固定下来，坚持久久为功、驰而不息地开展社会主义意识形态教育。

《神圣家族》是马克思主义形成过程中的重要文献，对马克思主义的发展作出了理论贡献，其中包括对唯物史观一些基本理论的阐释，对科学社会主义原则的确立以及对政治经济学方法论的奠基，将马克思和恩格斯的思想发展贯穿起来，起着其他理论著作不可替代的承前启后的作用。目前来看，这部著作中的许多问题的研究尚待深化。中国特色社会主义进入新时代，在坚持“读原著、学原文、悟原理”的学习热潮中，要深入挖掘《神圣家族》中具有现实意义的理论生长点，使其在当代中国散发出更加耀眼的真理的光芒。

延伸阅读 ……………………………………………………

（1）《习近平谈治国理政》第三卷，习近平，外文出版社，2020年6月。

（2）《马克思恩格斯〈神圣家族〉研究读本》，姜海波编著，中央编译出版社，2017年7月。

（3）《以人民为中心的发展思想研究》，吴海江，人民出版社，2019年2月。

深度思考

（1）青年黑格尔派思辨唯心主义哲学的实质是什么？

（2）如何看待弗朗西斯·福山提出的“历史终结论”？

（3）中国共产党坚持“人民至上”的理论与实践有哪些？

后　记

学习马克思主义基本理论是共产党人的必修课。党的十九大以来，以习近平同志为核心的党中央高度重视教育全党全社会加强对马克思主义经典著作的学习研究。2020年秋季学期中央党校（国家行政学院）中青年干部培训班开班仪式上，习近平总书记强调，青年干部"要注重提高马克思主义理论水平，学深悟透，融会贯通，掌握辩证唯物主义和历史唯物主义，掌握贯穿其中的马克思主义立场观点方法，掌握中国化的马克思主义，做马克思主义的坚定信仰者、忠实实践者"。2018年中央政治局第五次集体学习时，习近平总书记也强调："要深化经典著作研究阐释，推进经典著作宣传普及，让理论为亿万人民所了解所接受，画出最大的思想同心圆。"

全党全社会学好用好马克思主义经典著作，关键要把握住"读原著、学原文、悟原理"的重要方法，经常学、反复学、持续学，真正学懂、学透、学通，从而将经典理论转化为武装头脑、指导实践、推动工作的强大正能量。

在红旗出版社组织编写的《经典著作新读》系列丛书，笔者承担了《论战中新世界观的萌发：〈神圣家族〉新读》一书的撰写工作。本书回顾了《神圣家族》的写作背景，对全书的基本结构、内容概观和重要理论做了详细解析，阐明了该书的理论意义、历史意义与现实意义，是对《神圣家族》的一次新解读。本书通过对《神圣家族》的新解读，再次窥见了马克思、恩格斯早期思想形成的历史踪影，加深对于马克思、恩格斯两位伟大思想导师早期思想契合历史的认知，深感历史唯物主义和马克思主义科学理论创立前夜的艰辛。并以此激发当代青年学习马克思主义哲学的热情，让青年读者重温经典，从经典中感知真理的力量、感悟马克思主义哲学的魅力。

在本书写作过程中我们参考了学界大量优秀的理论成果，在此向这些前辈学人表达最真挚的感谢。同时，山东大学马克思主义学院任虹宇、刘敏、李鑫、王学丽、王丽等同学参与了本书的资料收集、写作和审校工作。本书在写作过程中力求做到精益求精，但因为笔者的能力所限，本书难免存在不尽如人意之处，我们恳请专家和读者批评指正！

郑敬斌

2022年2月于山东大学